仕事2・0

人生100年時代の変身力

仕事2・0　目次

第5章 人生100年時代の「大人の学び」

はじめに　～自分でキャリアを創る「仕事2・0」時代へ～

この本は、すべての働く人に向けて書かれています。

とりわけ、今の仕事を生涯続けられるとは思えない人、つまりは心に不安を抱えながら仕事をしている人。あるいは、より前向きに仕事を楽しみながら長く続けたい人、やりたいことをやりたい人。

そんな人々に、この本は、〝ちょっと働き方を変えてみませんか？〟という提案をしていきます。

そもそもこれからの時代、「働く」とはどういうことか、についても深く考えてみたいと思います。

今ほど、多様な働き方が議論されている時代はありません。在宅勤務を含めたテレワーク、主に育児中の女性社員が活用している短時間勤務制度、社員の副業・兼業を認める会社も少しずつですが、増えてきました。

リカレント教育（大人の学び直し）の必要性が叫ばれるに従い、大人が学ぶ環境も整ってきました。

たとえば「Coursera（コーセラ）」では毎月50ドルを払えば、世界随一のＡＩ研究者であるアンドリュー・エン氏の授業など様々なコースが受けられます。つまり、英語さえできれば、日本にいながらにして、安価で勉強できる時代になったのです。

英語をはじめとする外国語の学習環境も、昔とは様変わりしています。オンライン英会話学校に加入すれば、いつでもどこでも好きな講師を選び、リアルタイムで英語を学ぶことができる。スマートフォンで英語のニュースを読んでいても、意味のわからない単語をタップすればすぐに辞書が引けます。

一方で自分が持つ知見を、簡単に人に提供することもできるようになりました。「ストアカ」や「ビザスク」などといったＩＴツールを使えば、自分の得意分野を1時間単位で人に講義することが可能です。

自分の考えを、世に発信することも容易です。ツイッターはもとより、私が勤務する「NewsPicks」では、様々なニュースに対する自分の意見や知見をコメントという形式で披露することができます。最近では「Voicy」などといった、簡単に音声をアップロードできるサービスの登場により、誰でも自由に自分のラジオ番組を立ち上げられるようにもなりました。

こうしたサービスを積極的に活用することで、自分をプロデュースし、サラリーマンにしてサロンを開き弟子を養成する人も出現し始めています。

『勉強の哲学　来たるべきバカのために』（文藝春秋）の著者である哲学者の千葉雅也氏は、現代を「勉強のユートピア」と言い表しましたが、今まさにそのような時代になったのだと痛感しています。

安定志向に回帰する若者たち

しかし、「勉強のユートピア」たる環境が整い、働き方改革の影響で残業しないで早く帰ることが奨励され多様な働き方が認められつつあっても、普通に働いて定年退職するまで「逃げ切ろう」というマインドの人が多数派です。

むしろ、安定志向の人は増えていて、独立行政法人労働政策研究・研修機構（JILPT）が2015年に行った調査では「終身雇用」を支持する人の割合は、全体で87・9％以上もいます。

また、高度経済成長期によく見られたような「モーレツ主義」を嫌う傾向も顕著になりました。図1のように、近年では「会社や仕事のことより、自分や家庭のことを優先したい」と考える人、そして「人並み程度の仕事をすればよい」と考える人が、半数を超えています。

図1　1997年から2015年にかけての就業意識の変化

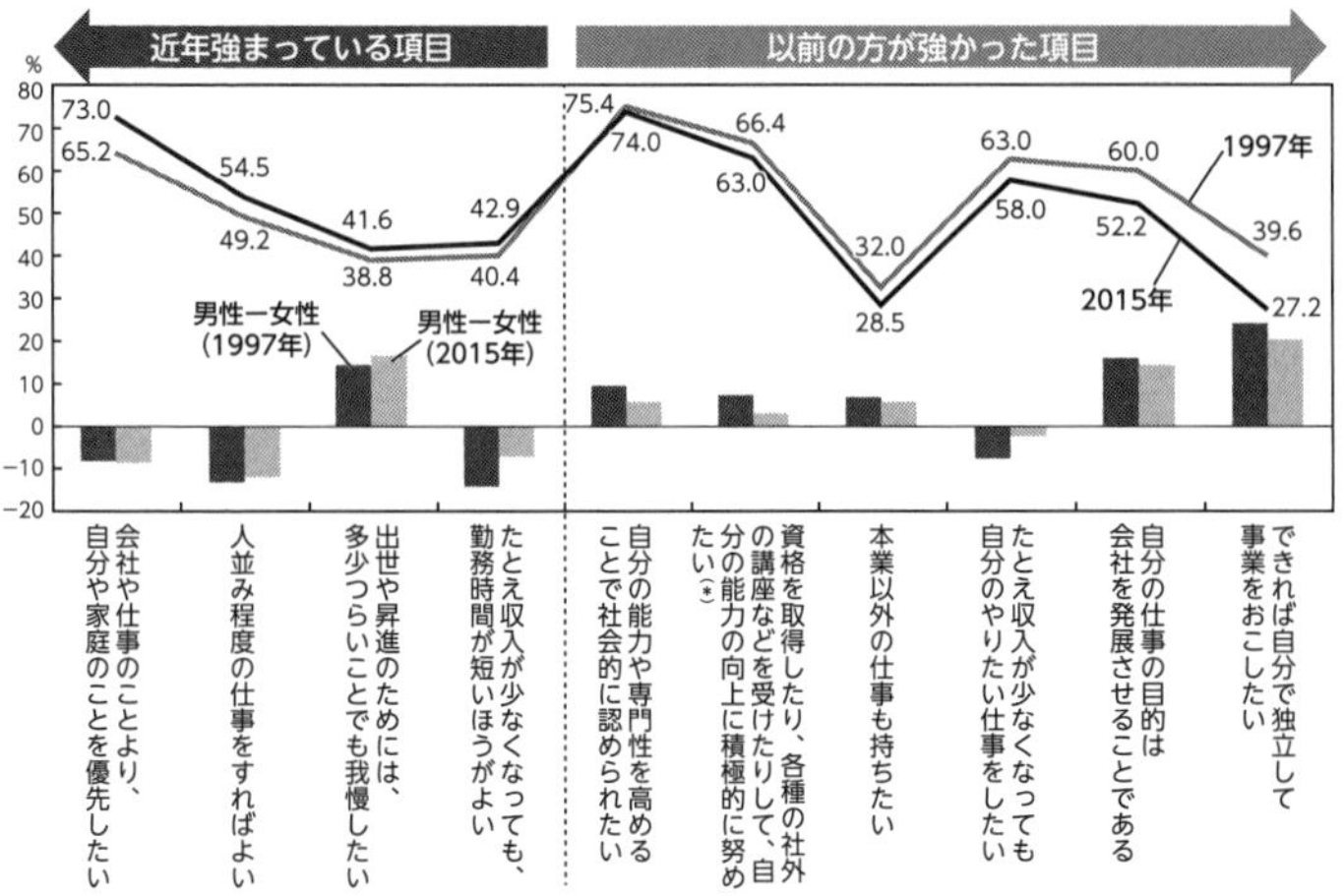

注1）就業者のみ、「そう思う」「どちらかといえばそう思う」の合計
2）＊印の項目は2000年と2015年のデータを比較している
出所：「生活者1万人アンケート調査」野村総合研究所（1997年、2000年、2015年）

意識の保守化や安定志向は、就活生の意識調査にも表れています。就職みらい研究所（リクルートキャリア）の「就職白書２０１８」によると、学生の７割近くが「自身の成長よりストレスのない生活」を求めていることがわかりました。「短期で成長できるが、体力的・精神的なストレスがかかる」会社を支持する学生は31％しかおらず、「短期での成長はしにくいが、体力的・精神的なストレスがかからない」会社を評価する学生が69％に達したのです。ちなみにこの数値は、４年前の２０１４年に比べて８ポイントも上がっています。

　つまり、今でも多くの若者は、年功序列を好んでおり、実力主義はむしろ嫌われる傾向にあるのです。

加えて、日本はＯＥＣＤ諸国のなかで「専業主婦を希望する若者の割合」がもっとも高い国として知られ、２０１６年の調査で「専業主婦になりたい」と答えた女性は28・４％、１９９８年より１・５ポイント増えています（博報堂「生活総研」調査）。

もっとも、私はこうした若者の先祖返りともいえる「安定志向」への回帰は、今後の世の中が安定しているとは到底思えないからこそ望む、「ないものねだり」なのではないかという気がしてなりません。

激減する「昭和の人生すごろく」コンプリート率

新卒で入った会社に定年まで勤める。仕事内容は自分で選ばず会社任せ。自分のキャリアは会社が決めるから、考える必要はない。仕事は何よりチームワークが基本だ。もちろん、副業など会社の「和」を乱す行為はしない。上司より先には帰らない。「勉強」や教育を受ける期間は大学生までで社会人は仕事一筋。主たる稼ぎ手は夫で、子どもは基本、妻が育てる……。

このような生き方、働き方を望む人が多いということに異論はありませんし、現状を変えたくない、変わりたくないという人の権利は本来尊重されるべきです。

ただし本書では、今後の日本において、上記のような生き方・働き方が見直しを迫られているという現実だけは、明らかにしておきたいのです。

詳しくは第1章に譲りますが、その最大の理由は、少子高齢化です。国立社会保障・人口問題研究所が発表した「日本の将来推計人口」（2017年）によると、2015年時点で1億2700万人いた日本の人口は、40年後には9000万人を下回り、100年後には約5060万人に〝急減〟するといわれています。

しかも、ただの人口減少ではありません。出生率は減少し続けるのに対し、高齢者は激増して勤労世帯は激減します。2024年には3人に1人が65歳以上の「超・高齢者大国」になると推計されています。

これにより、政府の試算では、社会保障費は2025年度には約149兆円に膨らみ（2015年度は120兆円ほど）、高齢者数がピークを迎える2040年代初頭にはさらに増大すると予測されています。

社会保障費について、現在日本は若者3人が高齢者1人を支える「騎馬戦型社会」といわれていますが、2065年ごろにはマンツーマンで支える「肩車型社会」になることが、いよいよ現実味を帯びてきたのです（『未来の年表　人口減少日本でこれから起きること』河合雅司／講談社）。

　２０１７年、経済産業省の若手官僚が発表した、『不安な個人、立ちすくむ国家』というリポートが話題になりました。そこでもっとも大きな反響を呼んだのが「昭和の人生すごろく」、つまり新卒一括採用、年功序列、終身雇用、企業お抱えの組合……に代表される日本型雇用システムに守られた生き方のコンプリート率は激減するという部分でした。

　経済産業省の試算によると、男性で「正社員になり定年まで勤め上げる」という生き方ができる人は１９５０年代生まれでは34％いたのに対し、１９８０年代生まれでは27％。女性の場合、「結婚して、出産して、添い遂げる」という生き方をする人は１９５０年代生まれの人では81％いたのに対し、１９８０年代生まれでは58％になり、この双方をかけ合わせた「サラリーマンと専業主婦で定年後は年金暮らし」という「昭和の人生すごろく」を達成できる人は、少数派になると結んでいるのです。

　これはいったい何を意味するのでしょうか？　もはや政府自体が、企業の体力が落ちて日本の手厚い社会保障を支えられなくなっているということを、宣言していると受け取ることができます。

　ひいては、現在のままでは、年金や医療費などの社会保障は維持できないということを、もはや、政府が認めてしまっているといえます。

このような意見を複数の官僚にぶつけてみたところ、「厚生労働省は当事者として、年金・医療費破綻の懸念があると公《おおやけ》にはいえないが、今のまま無策だと確実に年金支給年齢は上がり続け、医療保障ももたない」と、ほぼ肯定といっていい返しばかりでした。

100年人生を生きる覚悟が必要

もっとも、高齢化社会に突入するということは、必ずしもネガティブなことばかりではありません。長く生きられるということは、それだけ長く働けるということです。

ロンドン・ビジネス・スクール教授のリンダ・グラットン氏は共著書『ライフ・シフト 100年時代の人生戦略』（東洋経済新報社）において、「国連の推計によれば2050年までに日本の100歳以上人口は100万人を突破する見込みで、2007年に日本で生まれた子どもの半分は107歳以上生きることが予想される」ことから、「50歳未満の日本人は100年以上生きる時代を過ごすつもりでいたほうがいい」と語りました。

実際、健康寿命も平均74・9歳へと延びています。60歳、もしくは65歳で定年退職してそのまま楽隠居ではなく、「人生二毛作」「人生三毛作」を実現することも、大いにありうるということです。

しかし、定年（無事今の会社で定年を迎えられるという保証もありませんが）を迎えてから、さあ、何をしよう、と考えるのでは遅すぎます。

だからこそ前出のリンダ・グラットン氏は『ライフ・シフト』において、「あなたが何歳だろうと、いますぐ新しい行動に踏み出し、長寿化時代への適応を始める必要がある。長く生きる人生に向けて準備する責任は、結局のところ一人ひとりの肩にかかっている」と警告しているのです。

過去のロールモデルが役に立たない

しかし問題なのは、我々日本人はこれから、世界史上において類例のない急速な少子高齢化という問題に直面するため、過去のロールモデルや先達の人生の選択が手本として役に立たないということです。

そうこうしているうちに、政府は高収入の一部専門職を労働時間の規制から外す「高度プロフェッショナル制度（通称：高プロ）」を導入する労働基準法改正案を提出し、6月29日、本人の意思で離脱できることを条件に、国会では自民党と一部の野党の間で合意しました。

気がつけば政府は静かに、会社が社員の安全を管理し、庇護するという既定路線から別の道へと踏み出しているのです。

高プロは2019年4月から導入される予定ですが、これにより、新卒一括採用、年功序列、終身雇用、企業お抱えの組合、解雇がしにくい……などに代表される「日本型雇用システム」の存在意義そのものが問われていくでしょう。

新生銀行やコニカミノルタなどの大企業、神戸市役所などの行政においても、社員の副業を認める動きが出始めているのも、社員の多様な働き方を応援する、というポジティブな側面がある一方で、「もう会社（組織）は社員をいつまでも支えきれないので、自立してください」というメッセージとして受け取ることもできます。

実際、企業の平均寿命は23・5歳と短命化しています（2017年「東京商工リサーチ」調べ）。

翻って考えれば、「高プロ」のような「脱時間給」といえる制度が広く導入されれば、多くの会社員は働くことを時間で管理され、毎日満員電車に揺られて、働く場所も仕事内容も選べないといった不自由さから脱却し、自分で自分の働き方や仕事人生をどうしていくかを自在に選べる時代になるともいえます。

つまり、本人のやる気や意識次第で、好きなことを長く続けられる人生を始めることも可能ということです。

時代は、仕事の内容もどこで何時間働くかも、将来のキャリアプランも会社任せだった「仕事1・0」の時代から、自分のやりたいことを、どこでどう実現するか、自分でクリエイトする「仕事2・0」の時代に確実に移行しています。

本書では、まず現在のビジネスパーソンを取り囲む「現状認識編」から始まり、100年人生を楽しみながらサバイブするための「実践編」へと移行していきます。第1、2、3章が「現状認識編」で、第4、5章が「実践編」という構成です。

2018年4月、来日したリンダ・グラットン氏にインタビューした際、彼女は「100年人生に対応するために自分自身を変えるには、ちょっとの勇気と好奇心が必要」と話していました。

本書が皆様にとって、ちょっとの勇気を出すきっかけになったら、これほど嬉しいことはありません。では、そろそろ「変わる勇気」を手に入れるための、準備を始めていきましょう。

第1章

現状維持では老後崩壊、今そこにある危機

『ライフ・シフト』が示した未来

今、進んでいる長寿化が、私たちすべてに少なからず影響を及ぼす――。リンダ・グラットン氏は共著書『ライフ・シフト　100年時代の人生戦略』において、「100年ライフ」の到来を示しました。

〝いま、先進国で生まれる子どもは、50％を上回る確率で105歳以上生きる。（中略）過去200年、平均寿命は10年に2年以上のペースで延びてきたのだ。いま20歳の人は100歳以上、40歳の人は95歳以上、60歳以上の人は90歳以上生きる確率が半分以上ある〟

グラットン氏の主張は、「過去200年間で平均寿命が10年に2年以上のペースで延びた」という研究データに基づいています。

実際、日本人の平均寿命の推移を見てみると確かに右肩上がりで上昇しています。過去60年間の平均を見ても、日本では「10年に2年以上」を上回るペースで平均寿命が延びているのです。

もっとも図2のグラフを見ると、「人生100年時代の到来はまだまだ先」と思われるか

図2　人生100年時代の到来

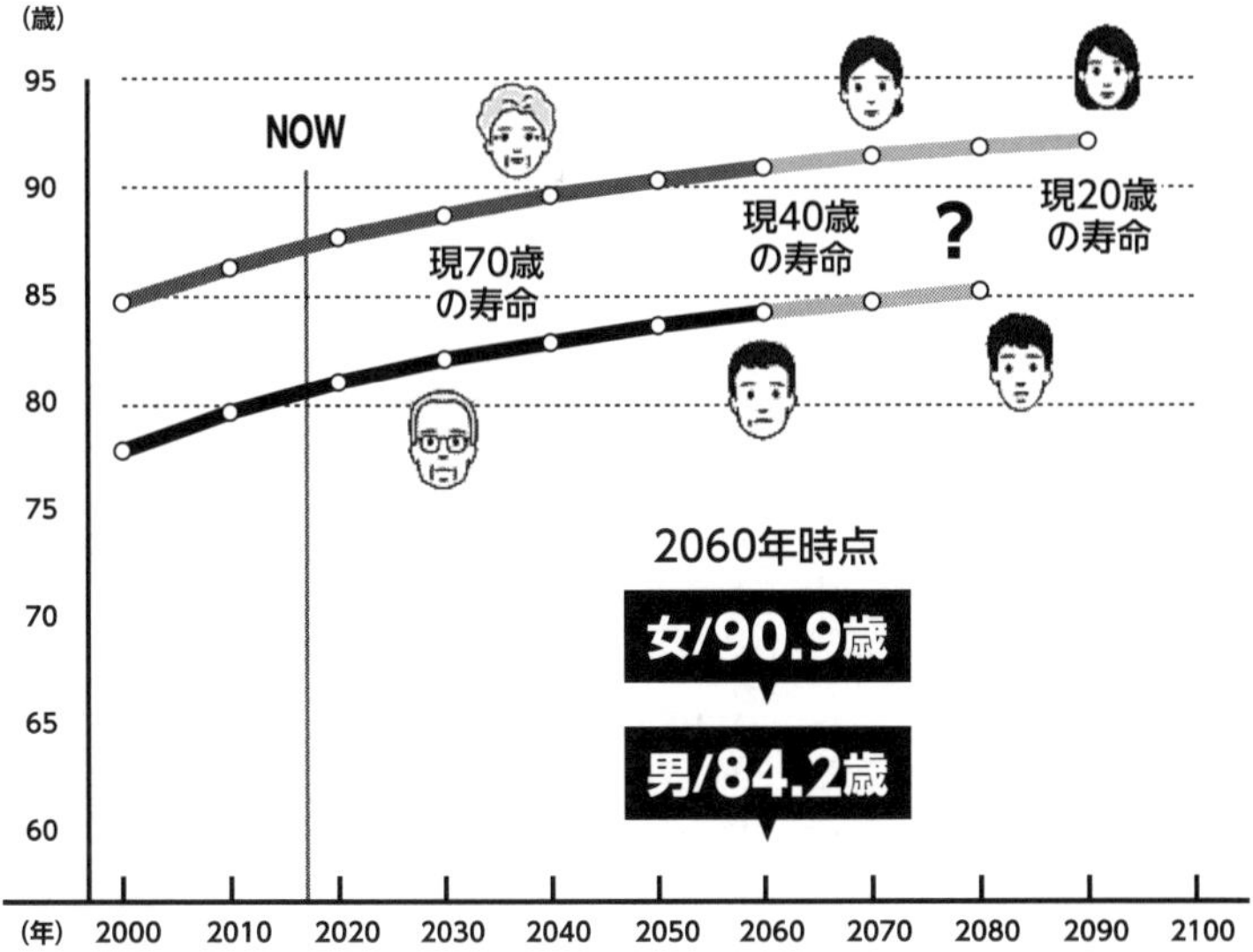

出所：「平成28年版高齢社会白書」内閣府（2060年以降は編集部による推計）

もしれません。しかし、これは平均寿命を考える立場によって大きく異なります。そもそも平均寿命は「0歳児の平均余命（何歳まで生きるか）」を意味するものですが、そこには大きく2つの立場があります。一定時期の死亡率を意味する「期間平均寿命」と、特定世代の死亡率を意味する「コーホート平均寿命」です。

前者は「今、若い人が年老いても平均余命は変わらない」スタンスで、後者は「技術やイノベーションの進展により、平均余命が延びる」スタンスを取ります。

日本政府が毎年発表する平均寿

命は前者であり、グラットン氏が言及している平均寿命は後者です。仮に後者の立場を支持するならば、２０１８年現在40歳だった場合でも「人生１００年時代」は相当の確率で訪れることになりますし、実際に、超高齢化社会まっただなかの日本において、１００歳以上人口は急激に増加しています。

また、平均寿命以上に重要な指標として、健康寿命があります。改めて健康寿命とは、日常生活に制限のない期間を意味しますが、世界保健機関（ＷＨＯ）の調査によれば、男女ともに日本が健康寿命1位という結果になっています。

一方で、平均寿命と健康寿命の差は依然10歳近くあり、この期間はいわゆる「介護」等が必要とされます。

「高齢社会白書」では、２００１年から２０１３年までの平均寿命の延び（男性２・１４年、女性１・６８年）に比べて、同期間における健康寿命の延び（男性１・７９年、女性１・５６年）のほうが小さい点も指摘されています。

だからこそ、健康寿命の延伸は喫緊の課題であり、２０１３年、政府の健康・医療戦略推進本部は、「２０２０年までに国民の健康寿命を1歳以上延伸」という目標を掲げているのです。

3ステージの人生は通用しなくなる時代

「人生100年時代」になる——との論調が高まっているなか、グラットン氏は、既存の「教育・仕事・引退」という3ステージの生き方は通用しなくなると、『ライフ・シフト』のなかで指摘しました。

〝人生が短かった時代は「教育→仕事→引退」という古い3ステージの生き方で問題なかった。しかし寿命が延びれば、二番目の「仕事」のステージが長くなる。引退年齢が70〜80歳になり、長い間働くようになるのである〟

しかし、多くの人は、これほど長く働く未来を想定してはいないようです。

「ワーキングパーソン調査2014」(リクルートワークス研究所)によると、「生活のために働かざるを得ないと思う年齢」として、33・5%の人が「61〜65歳まで」と回答。それに対し、「66〜70歳まで」「生涯現役にならざるを得ない」と回答した人たちの双方を足しても、41・5%に止まっています。

しかしグラットン氏は、前掲書において「100歳まで生きるとして、勤労時代に毎年所得の約10％を貯蓄し、引退後は最終所得の50％相当の資金で毎年暮らしたいと考える場合、80代まで働くことが求められる」と断言しています。

保険業界ではよく、予想以上に長く生きてしまう「生存リスク」が言及されますが、日本の場合、平均寿命は過去10年間で2年を上回るペースで延びています。

そう考えると、40歳前後の人は100歳近くまで生きることを前提とした人生計画を立てざるを得ません。

寿命の前に、手元資金を枯渇させるわけにはいかないからです。

老後資金はいくら必要なのか？

では、日本の場合は実際、老後資金としていくら用意すれば心配ないかについて、考えてみましょう。

フィデリティ退職・投資教育研究所所長の野尻哲史氏は、総務省統計局の「家計調査」を使って分析した結果、「引退後の生活資金は最終年収の68％、およそ7割が必要」と指摘します。

つまり、最終年収の5割では足りないというのです。

また、「生存確率20％」を基準に老後資金を備えておくと安全といいます。

これは、次のような理屈に基づきます。

老後資金を計算するときは平均余命を基準にするのが一般的ですが、平均余命の数値は「生存確率50％」を表すため、半数以上の人がその年齢よりも長生きする可能性があります。想像以上に長生きして、死去する前に手元資金が枯渇しないように、「生存確率20％」をもとにした考えが必要なのです。

では、60歳まで生きた場合の「生存確率20％」はいったい何歳を指すのでしょう。野尻氏によると、女性の場合は96歳、男性の場合は91歳。

これに伴い、家族単位で考えた場合、だいたい95歳まで生きることを想定しておくと安心といいます。

こうした点を踏まえ、フィデリティ退職・投資教育研究所が割り出した退職後に必要な生活資金総額の計算式とモデルケースは次のページの図の通りです。

図3　老後資金はいくら必要？

［必要総額］

600万円 × 68% × 35年

退職直前の年収　目標代替率※1　老後生活

＝ 1億4280万円　A

［年金受給額］

22万円 × 360カ月

厚生年金の平均モデル/夫婦2人分※2

＝ 7920万円　B

［自分で用意しないといけない老後資金］

A － B ＝ 6360万円

※1：退職後に生活水準を落とさない所得（支出）レベル。およそ6〜7割程度
※2：夫婦2人分の老齢基礎年金を含む標準的な年金額。平成29年1月27日厚生労働省発表「平成29年度の年金額改定について」より

今後さらに、
老後の収支は悪化する可能性も……

・年金受給開始の引き上げ（65歳→70歳）
・年金支給額の減額
・親からの相続減
・介護ほか医療費負担の増額

　ただし、この計算式はあくまで「現在」の寿命や年金支給額を前提にした計算です。現在40歳前後の世代が老齢に達するころには、年金受給開始年齢がたとえば70歳に引き上げられる可能性は大いにあります。

　事実、内閣府の平成28年版「高齢社会白書」によると、高齢者を支える現役世代の割合は減少の一途をたどっています。１９５０年には１人の高齢者に対して12・１人の現役世代（15〜64歳）がいたのに対し、２０１５年には高齢者１人に対して現役世代２・３人と激減

しました。

今後、高齢化率が上昇を続けると、2060年には、1人の高齢者に対して1・3人の現役世代という比率になる、と指摘されています。

この数値を見ると、40歳前後の世代が年金を受給する年齢に達したとき、親世代と同程度の額を得られるとは想定しにくいのです。

老後資金を確保する5つの方法

では、我々現役世代は、老後資金をどのように確保したらよいのでしょうか？　考えうる選択肢は次の5つです。

1. 定年までに貯金する。
2. 資産運用する。
3. 老後生活のコストを下げる。
4. 現役時の生活コスト（支出）を下げる。
5. 現役期間を延ばす。

1つ1つの選択肢を考えていきましょう。

1の場合、仮に生涯年収が2億円だとして、そのうち15％を貯蓄しておいたとしても、3000万円にしかなりません。

2の場合、〝95歳で資産がなくなることを想定し、60歳から75歳までを「資産運用を続けられる時代」、それ以降は「使うだけの時代」とする〟、前出の野尻氏の考えで見てみましょう。それによると、60歳で資産が約4000万円ある場合、60歳から75歳まで毎年、残高の4％を引き出し、毎年平均3％の運用益を確保できれば、計算上では75歳で約3500万円の資産を持っていることになります。しかし、現実的に投資に頼り切るのはリスキーです。

3の老後生活のコストを下げることも、一度確立した生活設計を、極端に下げることは困難です。

4については、40代は子どもの成長とともに教育関係費の支出が50代に次ぎ家計を圧迫するため、支出を抑えるのはそう簡単ではありません。事実、総務省統計局の調査によると、40代は年間で、平均45万9521円の教育関係費を負担しています。

ちなみに、文部科学省の「文部科学調査白書」によると、大学卒業までに各家庭が負担する平均的な教育費は、幼稚園から高校まで公立に在学し、国立大学に進学した場合で約10

00万円。それらがすべて私立の場合は、約2300万円に跳ね上がります。同白書によると、とりわけ大学に進む年齢の子どもが多い52歳、53歳は可処分所得の実に52%を教育費が占め、平均貯蓄率は長子が大学生となった段階でマイナスに転落することがわかります。

そして、「それまでに十分に貯蓄できる余裕がある家庭でなければ進学を選択肢に入れることすら難しくなる」と指摘しているのです。ということは、子どもの大学進学を視野に入れると、現在の30代、40代はそれに備えて貯蓄する必要があるといえます。

ちなみに40代は、子どもの教育、親の介護、自分の老後不安と、一度に解決できない3つの課題に直面する「トリレンマ」世代といわれています。

高齢者数の増加とともに介護による離職者も増加しています。2012年の「就業構造基本調査」の結果を見ると、介護をしている有業者は290万人となっており、そのうち40歳から69歳までが7割近くを占めています。また、介護・看護のために過去1年で仕事を辞めた人は10万1000人もいます(総務省統計局「明日への統計2017」)。

そう考えると我々現役世代が、今から老後に備える上で一番重要かつ現実的な選択肢としては、5の「現役期間を延ばす」ことがもっとも妥当なのではないでしょうか。

健康寿命は74・9歳

実際、職業寿命は延びており、２０１４年の高齢者（60歳以上）の就業者数は11年連続で増加し、６８１万人と過去最多になりました。15歳以上の就業者総数に占める高齢者の割合は10・７％で、やはり過去最高になっています（総務省統計局）。

経済産業省の若手官僚によるリポート『不安な個人、立ちすくむ国家』によれば、健康寿命も74・９歳まで延び、働きたいと思っている65歳以上の人は63％もいます。しかし、現状では常勤の仕事に就いている65歳以上の人は10・２％しかいないのです。

労働人口の減少に伴う人手不足に鑑みると、今後は高齢者の働き口は増えると予測できますが、時代の流れを楽観視してはいられません。現役時代から、長く働くために準備しておくことが有用であることは明らかです。

現貯金より「無形資産」を蓄えよ

では、我々が長く働くためには、どのような準備をすべきでしょうか？　グラットン氏は、

NewsPicksの取材で「有形資産より、無形資産を蓄えよ」と、次のように語りました。

「『有形資産』とは、お金やモノのことを指しますが、それ以上に健康や仲間、変化への対応力といった『無形資産』が重要だと私は考えています。平均寿命が短い時代では、『引退』ステージのために、金融資産を蓄積することが合理的でした。しかし寿命が延びると、お金を蓄積するより、『より長く働くための資産』を蓄積する必要があります。それこそが、生産性資産、活力資産、変身資産からなる『無形資産』です」

変化への対応力で格差が生じる

グラットン氏は人生100年時代に向けて、以下の3つの「無形資産」を蓄えるべきと論じています。

1. 生産性資産　生産性を高めて成功し、所得を増やすのに役立つ要素。構成要素はスキルや知識など。
2. 活力資産　肉体的・精神的な健康と幸福のこと。健康、友人関係、パートナーや家族との良好な関係などが該当。

3. 変身資産

人生100年時代を生きる人たちは、その過程で大きな変化を経験する。それに対応するために自分をよく知っている、助けてくれる人的ネットワークがある、また、新しい経験に挑戦する意欲があるといった要素。

わけても、100年人生を生き抜くためには「変身資産」を貯蓄することが重要としています。その理由について次のように説明します。

「我々は、常に変化できるようにならなければなりません。これまでの3ステージの人生では、誰もが同時に、ロックステップ式（密集行進式）に人生のステージを変わるため、個人が変化を意識する必要がありませんでした。しかしこれからの『マルチステージ・ライフ』では、自分自身で変化を制御することが求められます。自分は一体どうなりたいのかを選択しなければならないのです。だから私は、『無形資産』の柱の1つとして『変身資産』を位置付けたのです。具体的には自分自身に対する深い理解や、変化を助ける多様なネットワークが挙げられますが、変身できることそれ自体が、これからは資産になってくるのです」

そして、今後は時代の変化に対応して変身できる人とできない人の間で格差が拡がる、と指摘するのです。

職業人生を延ばす3つの働き方

『ライフ・シフト』では、長い職業人生を送るための手段として、3つの働き方が登場します。

まずは、職業に就く前段階としての「エクスプローラー（探検者）」。これは、1カ所に腰を落ち着けるのではなく、様々な場所を巡って視野を広げて、自分の適性や適職を見つけようとする人。次に、「インディペンデント・プロデューサー」。小さくても自分のビジネスを立ち上げ、企業と新しい形のパートナー関係を作る人のことをいいます。そして、「ポートフォリオ・ワーカー」。複数の仕事や社会的立場を持ち、様々な活動を同時並行で行う人のことを指します。

3ステージの人生が通用しなくなる世界において、このような3つの変身を遂げることが当たり前になると、グラットン氏は主張します。

「昭和型会社人間」からの脱却

ただ、グラットン氏の提案を、そのまま日本の40歳前後の世代に適用するのはハードルが高いかもしれません。この世代が新卒で会社に入った1990年代後半、日本の会社は年功序列の色彩がまだ濃く、社員も「昭和型会社人間」が多かっただけに、その影響を少なからず受けているからです。

これまで会社一筋だった生活パターンを一気に変えるのは難しいですし、職種をいきなり替えるのも、困難を伴います。

そこで取りうる選択肢は、次の3つが妥当ではないかと考えます。

1. 専門性の更新と、領域の拡大、テクノロジーへの対応。
2. 生息するコミュニティを広げて、ときには副業に挑む。
3. (家族がいる場合は)夫婦で働いて、収入源を増やす。

まず、1について。詳しくは「実践編」の第4、5章に譲りますが、大手企業で経営幹部の予備軍となる人材育成などを手がける「プロノバ」の岡島悦子氏は、よく「タグを掛け算する」ことの有効性を説いています。

ここでいうタグとは、その人が持つ能力やカバー領域、機能などのキーワードに相当するものです。

「新規事業開発×プロジェクトマネジメント×英語」などといったように、自分のタグを3つ以上掛け算すると、その人の希少性がグッと増すというのです。

たとえば私のような記者の仕事は、webやスマホのメディアが登場する前は「取材して書く」の一点張りで十分通用しました。しかし、webやスマホのような即時性とビジュアル性が強く求められるメディア主体となると、写真が撮れる、はたまた、動画を撮影・編集できる、図版などグラフィックに強いといった、「タグ」を持つ記者の需要が急速に増します。

さらに、自分の記事を拡散させるプロモーション力といった「タグ」まで求められるほどです（私はそうした「タグ」を持ち合わせておらず、修業中なのですが……）。

このタグの内実としては、労働市場でそのニーズがあるかという「市場性」が重要で、今、求められている仕事の「タグ」を投入し、時代に合わせてタグを増やしていくことが欠かせません。

図4　会社人間から
複数のコミュニティで活躍する時代に

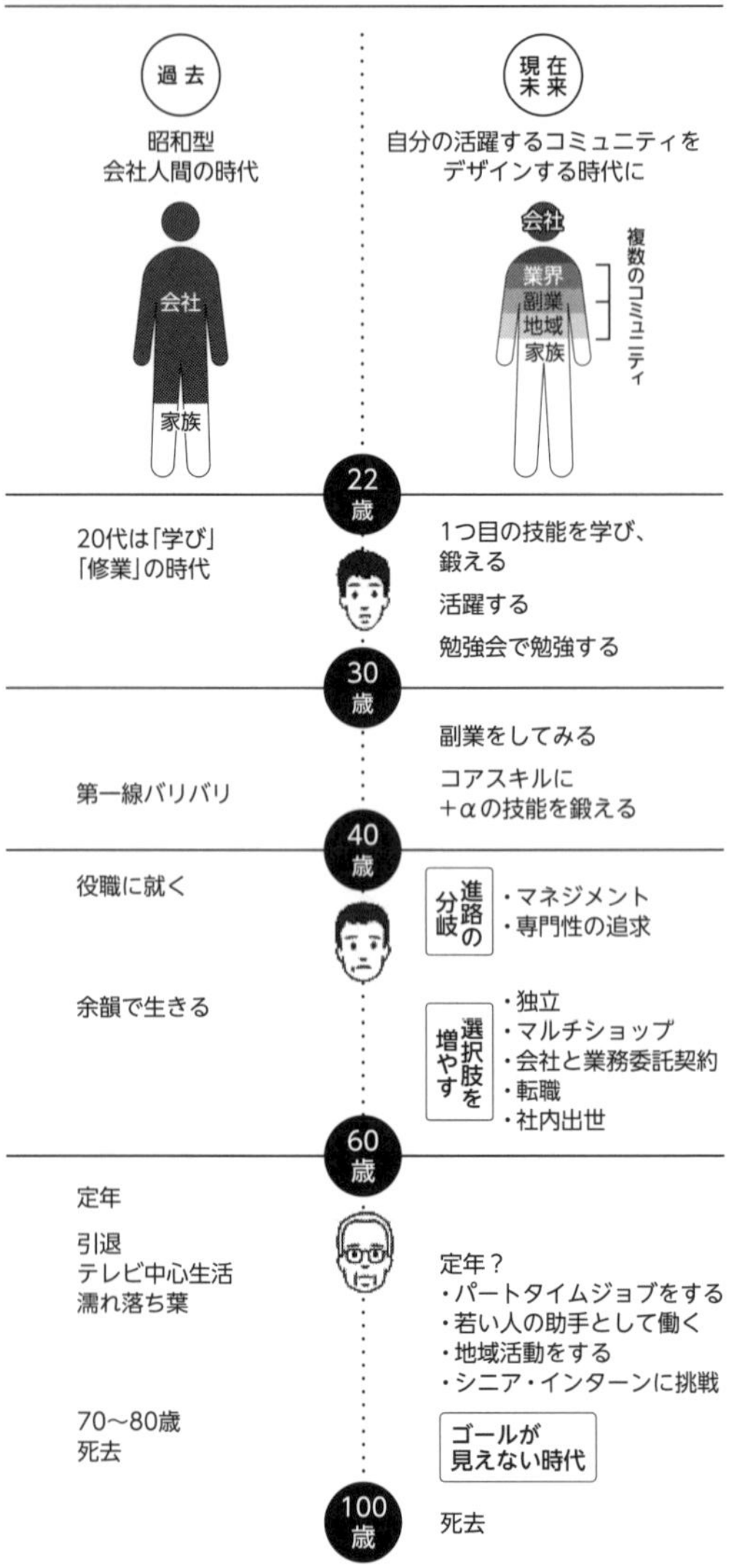

テクノロジーへの対応

また、テクノロジーの進化により、自分の専門領域のプラットフォームが変わった場合、拒否反応を示すのではなく、積極的に対応していくことがますます重要になることは間違いありません。

２０１８年5月末に経団連の会長に就任した日立製作所取締役会長の中西宏明氏は、『文藝春秋』（２０１８年6月号）のインタビュー「私は経団連をこう変えたい」のなかで、こう語っていました。

〝旋盤工においても、昔ならば職人気質でカンでいいものを作っていたのでしょうが、現在の旋盤工はコンピュータ・プログラミングができる人も多い。労働の質が変わっている〟

前述のように活字媒体の世界でも、この20年の間、ｗｅｂ媒体が進展したことにより、求められる技術は紙の製版技術からＤＴＰ技術へと移行し、今ではスマホ対応まで余儀なくされました。その全部の変化を受け入れ柔軟に〝変身〟できた人は、今もこの業界においてしたたかに生き残っています。

つまり、昨今は年季が入った手持ちのスキルを深掘りすること以上に、横へ横へと広げていくことが重要なのです。

求められる「コミュニティ・デザイン力」

次の2についてですが、これからの時代は、個人がどんなことが自分にできるかを模索する「キャリア・デザイン力」ではなく、「コミュニティ・デザイン力」が問われるようになるでしょう。

今は明確なゴールが見えない時代。職業寿命も変質していくことを考えると、職業人生で3回か4回は会社、あるいは職そのものを替えざるを得ません。そのとき、複数の「コミュニティ」を持つことは極めて有効です。

たとえば、勉強会に参加する、大学院に通う、自分の得意なことを教える講座を開設する、副業をしてみる……。こうした複数のコミュニティを持つことはスキルのアップデートになるばかりではなく、人とのつながりができることにより、新しい仕事や職場との出会いの場になることもあります。

また、自分がどのタイミングで変身するかを見定めたり、あるいは、その変身が自分の人生になぜ必要なのかを認識する上で、コミュニティから得られるフィードバックは頼りになります。

グラットン氏も前掲書で「多様性に富んだ人的ネットワークは、変身の基盤をつくり出す」と記し、親しい友人グループが持つ情報には重複があるのに対し、それほど緊密ではない知人のグループ、「ウィークタイズ（弱い絆）」は、新しい情報を持っていると指摘しています。

このあたりに、なぜビジネスパーソンは身近な〝お仲間〟だけでなく、少し自分と距離のある人とも関係性を作るべきかの答えが隠されています。

副業をすることについては、まだ会社側もそして雇用者側も根強い抵抗感がありますが、副業からは副収入を得られることに加え、今どんな仕事にニーズがあるのかという市場性が把握できると同時に、自分の仕事ぶりを会社以外の人から評価してもらえる効果が見込めます。新たな領域や仕事に挑戦することで、大きな〝変身〟を遂げる前のお試し期間にもなります。

そうした効果を見据えてでしょうか。リクルートワークス研究所の「全国就業実態パネル調査２０１７」によれば、時代の変化に敏感な若年層は、副業をしている正社員の割合が10％を超えるという調査結果があります。

「シーソーカップル」の可能性

最後に、3の共働きで世帯収入を上げるという選択肢は、長寿化時代の資金設計において有効なことは明らかです。

グラットン氏は、2018年4月の来日講演で、「シーソーカップル」という新しい夫婦（カップル）の形を推奨していました。その名の通り、シーソーのように夫と妻の両方が交互に大黒柱になりうる関係です。

夫婦がこの形の協力関係を確立すれば、たとえば妻のキャリアが重要な局面に来た時期に、夫が育児に注力し、その次に夫がキャリアで勝負をかけたい時期が到来したときは、妻が家事育児を主に請け負うといったバランスを取ることができ、夫婦ともにキャリアと家庭の両立が可能になる、というのです。

日本も1995年に専業主婦世帯数と共働き世帯数が逆転し、ダブルインカムはもはや当たり前になりました。「シーソーカップル」を実現するには、主に男性側の意識の変革や、男性が育児休暇を取得しやすい組織の風土作りなどの課題がありますが、昨今の政府や企業の動きをみていると、その下地は整いつつあるといってよさそうです。

100年人生、会社との付き合い方

また、これからの人生100年時代を見据えると、完全に仕事を辞める日まで同じ会社にいる可能性はかなり低いでしょう。

会社の平均寿命は23・5歳と短命化している時代。ビジネスのスピードが高速化するにつれ、ビジネスモデルの旬が短期化する傾向も顕著です。したがって、会社の栄枯盛衰も高速化しています。

たとえば、就職氷河期世代の現40代、その親世代である現70代の「団塊の世代」、そして現25歳世代が就職活動時に選んだ人気企業を比べてみると、過去の栄光は長くは続かないということがよくわかります。

親世代の人気企業のなかには、今やその栄光をしのぶよすがもない会社もあります。

現70歳近くの人が大卒で就職した1969年に文系人気ランク1位だった日本航空（JAL）は、2010年に会社更生法の適用を申請し、経営破綻しました。3位の日本国有鉄道は分割民営化されています。5位の住友銀行、9位の富士銀行はともに他行と統合し、今やその名前は残っていません。さらに銀行業界全体が、フィンテックの進展により、存在そのものを脅かされつつあります。

表1のランキング掲載外ですが、17位の西友ストアーは不良債権問題を抱えて、ウォルマート系列になり、19位の長崎屋は2000年に経営破綻しています。

就職氷河期世代が就職活動をした当時、文系理系ともに一番人気だったソニーは2011年度に過去最大の赤字に陥って以来、経営再建に取り組んでいます。もっと新しいところでは、現25歳世代の理系人気7位にランクインした東芝は、たった3年で経営難に陥り、2017年8月に東証2部に降格しました。

表1　人気企業も安泰とはいえない

［人気企業ランキングの変遷］

1969年卒　現70歳近くの新卒時代

文系		理系
日本航空	1	ソニー
東京海上火災保険	2	日本アイ・ビー・エム
日本国有鉄道	3	日本電気
朝日新聞社	4	日本電信電話公社
住友銀行	5	日立製作所
松下電器産業	6	松下電器産業
日本放送協会	7	富士通
伊藤忠商事	8	東京芝浦電気
富士銀行	9	本田技研工業
東京放送、三菱商事	10	三菱電機

1999年卒　現40歳の新卒時代

文系		理系
ソニー	1	ソニー
JTB	2	本田技研工業
全日本空輸	3	トヨタ自動車
東京海上火災保険	4	日本電気
電通	5	NTT移動通信網
NTT移動通信網	6	松下電器産業
東日本旅客鉄道	7	石川島播磨重工業
日本航空	8	東日本旅客鉄道
日本放送協会	9	三菱重工業
サントリー	10	積水ハウス

2014年卒　現25歳の新卒時代

文系		理系
JTB	1	カゴメ
全日本空輸	2	トヨタ自動車
エイチ・アイ・エス	3	味の素
日本航空	4	東日本旅客鉄道
電通	5	明治グループ
博報堂DYメディアパートナーズ	6	三菱重工業
三菱東京UFJ銀行	7	東芝
オリエンタルランド	8	旭化成グループ
東京海上日動火災保険	9	資生堂
Plan・Do・See	10	一条工務店

出所：リクルート（1969年、1999年）、マイナビ（2014年）

こうした企業の栄枯盛衰を見ても、会社に自分の人生を預ける生き方や、人気というだけで就職先を選ぶことがいかに心許ない話かということがおわかりいただけると思います。いかにして〝勝ち馬に乗るか〟という算段で自分の命運を決めるのは、明らかに時代遅れです。

管理職の門戸は狭い

正社員として人並みに働いていればいつかは管理職になれる――。そんな過去の常識も、もはや幻想になりつつあります。

かつては、40歳前後になれば大半の総合職が課長職に就けた時代がありました。しかし、今や40代の役職者の割合は減っています。2015年の国勢調査によると、1995年に5・7％いた40代前半の役職者は、2015年には2・4％に減少しました。

その一因は、役職者が高齢化していることです。

三菱UFJリサーチ＆コンサルティングの「調査レポート　大企業における『2020年問題』」によると、「近年では年齢がさらに上がった後も役職者にとどまる人が増えている。50歳代の課長級、50歳代後半の部長級の役職者が一般労働者全体に占める割合は高まっており、大企業の人件費負担に追い討ちを掛けている」とあります。

労働時間は減っている

ただし、40歳前後の世代が「多様な働き方」を選択できる余地は拡大しつつあります。その1つが、労働時間は着実に減っている、ということです。

2016年度の勤労者の平均年間総労働時間は1713時間（労働政策研究・研修機構「データブック国際労働比較2018」）で、親世代が40歳だったころの1989年度の2111時間とは大きな開きがあります（厚生労働省「毎月勤労統計調査」）。また、時間外労働の上限規制（年間上限720時間以内）は、大企業については2019年4月1日から、中小企業においては2021年4月1日から適用される予定です。

詳しくは第2、4章で記しますが、リクルートやヤフー、ロート製薬など、社員の副業を認める企業も、少しずつではありますが登場し始めています。

テレワークのように、会社に出勤せずに好きな場所で働くことを推進する動きも、かつてに比べて広がっています。

総務省の「地方創生と企業におけるICT利活用に関する調査研究」（2015年）によると、テレワーク導入企業は7・9%、導入を検討している企業は13・8%あります。

グラットン氏は前掲書で、長く働き続けるためには、余暇時間をレクリエーション（娯楽）に費やすのではなく、自己のリ・クリエーション（再創造）に費やすべきだと説きました。そして、その必要性は、高スキルが求められる仕事に就いている場合にこそ高く、スキルとテクノロジーへの投資を継続しなくてはならないと言及しています。

日本でも、リカレント教育（個人の必要に応じて、教育機関に戻って繰り返し学び直すこと）の概念は普及しつつあり、文部科学省の調査によると、社会人を主な対象とする専攻やコースを設置する大学は全体の43・7％に達しています。

今後仮に、「週休3日制」などの普及により、労働時間の減少と余暇時間の拡大の流れが広がれば、教育機関で学び直すという選択肢はより実現の可能性が高まっていくでしょう。

「貢献寿命」を延ばすには

生涯にわたり学び続け、スキルを更新して市場性を高め、職業寿命を延ばすことは、個人としての「サバイバル戦略」として欠かせません。

とはいえ、ビジネスパーソンが意識しておいたほうがよいのは、年齢を重ねるごとに、現役時代と同等に稼ぎたい、活躍したいというよりは、世の中に貢献したいという思いが増すということです。

内閣府の「国民生活に関する世論調査」（２０１４年度）によると、60代、70代と年齢を重ねるごとに、「働く目的」は「生きがいを見つけるため」や「社会の一員として、務めを果たすため」と回答する人が増加傾向にあります。

グラットン氏も、人生に満足している人に共通する際立った要素の１つは、生涯を通じて深くて強力な人間関係を築いていることと指摘し、「無形資産」の価値を説いています。

第2章

日本型雇用の〝終わり〟が始まる

「人生100年時代」と相性が悪い日本型雇用システム

前章では、会社の平均寿命は短命化する反面、人生が長くなることを考えると、職業人生で3回か4回は会社を替える、あるいは職そのものを替えざるを得ないなど、大きな〝トランジション（変身）〟を経験する覚悟が必要で、そのために必要な「変身資産」を、個人が獲得する必要があると述べました。

また、現在は「個人の時代」といわれるようになりましたが、周知の通り、日本は高度経済成長期に「モノづくり」で伸びた国です。しかし、そのモノづくりでさえも個人でできる時代になりつつあります。

かつて新製品を製造することは、企業の資本がなければできませんでしたが、『ワイアード』誌編集長を務めていたクリス・アンダーソン氏が著書『MAKERS 21世紀の産業革命が始まる』（NHK出版）で指摘したように、個人が3Dプリンターなどを駆使して、少数生産することが技術的に可能になりました。

また、SNSの普及により、個人の情報発信力が劇的に高まったため、「私はこんなことをやっている」と、宣伝も顧客の確保も容易になっています。

つまり、今後は「個人が力を持つ時代」ともいえます。

一方で、「働く＝会社に勤めること」という〝常識〟は戦後に作られ、高度経済成長期に確立したモデルです。

この「日本型雇用」と、近年の「個人の時代」「人生100年時代」のあり方は相性が悪く、今や摩擦を起こし始めています。

2017年、働き方改革により、残業は月最大100時間未満にすることが決まりました。

このことは、日本型雇用システムの〝ファーストピン〟が倒れた現象といえます。

図5　日本型雇用に生じた摩擦

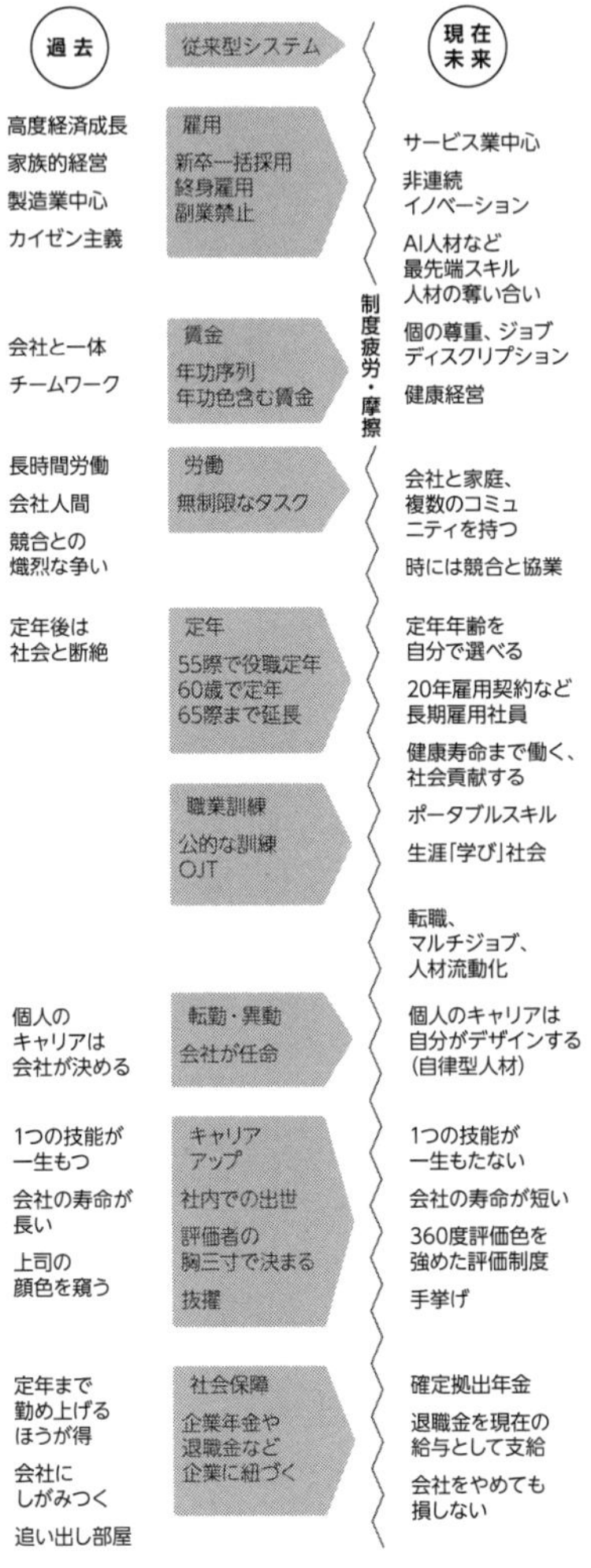

過去	従来型システム	現在 未来
高度経済成長 家族的経営 製造業中心 カイゼン主義	雇用 新卒一括採用 終身雇用 副業禁止	サービス業中心 非連続 イノベーション AI人材など 最先端スキル 人材の奪い合い
会社と一体 チームワーク	賃金 年功序列 年功色含む賃金	個の尊重、ジョブ ディスクリプション 健康経営
長時間労働 会社人間 競合との 熾烈な争い	労働 無制限なタスク	会社と家庭、複数のコミュニティを持つ 時には競合と協業
定年後は 社会と断絶	定年 55際で役職定年 60歳で定年 65際まで延長	定年年齢を自分で選べる 20年雇用契約など長期雇用社員 健康寿命まで働く、社会貢献する
	職業訓練 公的な訓練 OJT	ポータブルスキル 生涯「学び」社会 転職、マルチジョブ、人材流動化
個人のキャリアは会社が決める	転勤・異動 会社が任命	個人のキャリアは自分がデザインする（自律型人材）
1つの技能が一生もつ 会社の寿命が長い 上司の顔色を窺う	キャリアアップ 社内での出世 評価者の胸三寸で決まる 抜擢	1つの技能が一生もたない 会社の寿命が短い 360度評価色を強めた評価制度 手挙げ
定年まで勤め上げるほうが得 会社にしがみつく 追い出し部屋	社会保障 企業年金や退職金など企業に紐づく	確定拠出年金 退職金を現在の給与として支給 会社をやめても損しない

制度疲労・摩擦

そもそも日本が他の先進国に比べ、長時間労働に陥りがちだったのは、他でもない日本型雇用システムの影響によるところが大きいのです。

日本の正社員は〝三無〟

職務、勤務地、労働時間が選べない――。この3つのことから、日本の正社員（総合職）はよく〝三無〟と呼ばれます。

加えて、日本型労働の特徴の1つである「チームで働く」こと、上意下達カルチャーにより上司が帰るまで部下が帰りにくいことが、早く帰りにくい雰囲気を蔓延させ、結果として労働時間が長くなっていく現象が起きていました。

もっとも、日本型雇用システムはメリットもたくさんあります。

第一には、新卒で大量の学生を採用するため、他の先進国に比べて、若年失業率が極めて低いことです。

経済協力開発機構（ＯＥＣＤ）の調査によると、ＯＥＣＤ全体における若年失業率（15～24歳）は、13・4％（２０１５年）。これに対し、日本は5・3％で、主要国のなかで最低の若年失業率を誇っています。

また、日本型の職務を限定せず、ジョブローテーションするという人事のやり方は、ジェネラリストの養成に役に立つといわれています。社内におけるＯＪＴも充実しているため、若年層はビジネススクールなどの大学院に行かずとも、企業内でトレーニングを受けられるというメリットもあります。

さらに、安定した定期雇用は安心感を与え、マイホーム購入など消費の拡大につながりやすいという経済的効果も期待できます。

日本型雇用が時代に合わない理由

しかし、日本型雇用システムは、いよいよ時代の流れにマッチしなくなっています。その理由の１つが人手不足です。

人口減少時代、企業は人手不足の状態が慢性化する恐れがあり、その欠員を埋めるため真っ先に候補に挙がるのが、専業主婦や高齢者の労働参加です。

とはいえ、現状の日本型雇用システムは、その双方が働きやすい環境とはいえません。図６の通り、日本の会社は「メンバーシップ型」といわれ、一度入社しメンバーになると解雇されにくいかわりに、「職務」「勤務地」「労働時間」のいずれも「無限定」で働くことが基

図６　メンバーシップ型とジョブ型

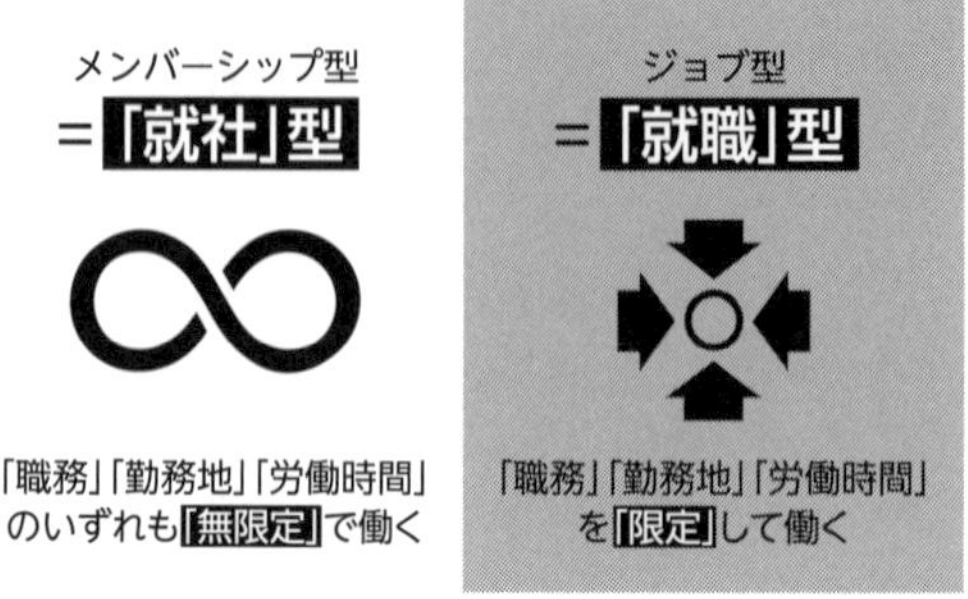
メンバーシップ型
＝「就社」型
「職務」「勤務地」「労働時間」
のいずれも「無限定」で働く
ジョブ型
＝「就職」型
「職務」「勤務地」「労働時間」
を「限定」して働く

本だからです。

最近は、労働時間や働く場所などに制約がある人も働きやすいよう、「短時間勤務制度（時短）」や、地域や職種を限定する「限定正社員」など多様な働き方も増えつつありますが、こうした制度を利用する人は少数であり、しかも女性にとどまりがちです。

そもそも日本の企業において、総合職、一般職、限定正社員、派遣社員、契約社員といった雇用形態は、まるで「身分」のように扱われがちです。そのため、限定正社員は総合職の正社員より下と見られやすく、序列に敏感な男性はこうした制度を利用したがらないのです。

そう考えると、総合職の〝無限定性〟が解消されない限り、長時間労働や職種を自分で選べないといった〝働きづらさ〟の問題は解決しないといえるでしょう。

しかも、昨今は売り手優位の就職、転職市場です。総合職の〝三無〟を続けている限りは、自分のキャリアは自分で創るものという意識の強い優秀な若手の獲得は、ままならないといえるでしょう。

ビジネスの変化に対応できない

また、「メンバーシップ型」の日本型雇用は、ビジネスの変化にも対応しづらいという側面があります。

製造業中心の世の中では、新卒入社した同質的な社員が阿吽《あうん》の呼吸で一致団結することで、生産性の向上に一役買いました。しかし、ビジネスの現場はサービス業が中心となり、製造業の枠組みにおいても、技術革新のスピードはめざましく、1つの技術が廃れるまでの期間も早まっています。

そうなると、古い技術しか持ち合わせていない人は、どうしても余剰人員になりやすくなります。実際、日本には現在、社内失業者が460万人以上いるといわれています（ちなみに、社内失業者は英訳不可能。英語圏では、社内失業状態だと即解雇の対象となるからです）。

業務縮小に伴う人材の解雇がしにくい日本型雇用システムが続く限り、衰退産業や事業に人が張り付いたまま、成長産業への人材移動がされにくく、ひいては国力の低下につながることになりかねません。

仕事は会社単位からプロジェクト単位へ

急速なビジネスの変化、激化する市場競争は、モノやサービス開発のプロセスをも変えつつあります。たとえば、これまでソフトウェア開発においては、企画→要件定義→設計→実装→テスト→リリースという「ウォーターフォール型」の流れを踏襲するのが常でした。

しかし、このプロセスを経ると、企画からリリースの間が半年あるいは1年、2年と長期化する場合も多く、その間にビジネス環境が変わってしまうという事態が続出することになりました。開発途中で仕様変更をしようにも、プロジェクトが後半にさしかかればさしかかるほど困難でした。

そこで、近年増えてきたのが「アジャイル型開発」です。アジャイルとは「素早い」という意味で、仕様や設計の変更は生じるものだという前提に立ち、最初から細かく仕様を決めず、大まかな仕様だけを決めていきなり開発し、小単位で実装とテストを繰り返すことで、スピーディーにプロジェクトを進めていく手法です。この手法の採用により、リリースまでの期間が短縮でき、激しい市場競争に対応できるようになりました。

ただその反面、アジャイル型の開発には、会社として長期的に人材を雇用するよりも、プロジェクトごとに必要なスキルや知識を持った人材を集めたほうが、リスクが少ないという側面があります。ある期間で目的を達成して効果を測定し、すぐに軌道修正するようなやり方は、ぱっと人を集めてぱっと解散するほうが効率的だからです。

こうした背景もあり、開発の現場では、会社単位というよりプロジェクト単位の仕事が増えているのです。

さらに、ビジネスの現場では、日本企業が得意とするカイゼン主義では対応しきれない「非連続イノベーション」の必要性が叫ばれています。しかし、イノベーションを起こすような〝異能人材〟が、自分で配属先も勤務地も労働時間も選べない職場に行く可能性は低く、また、そのような環境に適応できるとも到底思えません。ここにもまた、日本型雇用の抱えるジレンマがあります。

新卒一括採用最大のデメリットは格差の固定化

日本型雇用システムの代名詞である新卒一括採用は、欧米にはない日本独特の仕組みです。欧米など海外の採用は、すべて「欠員補充」が基本です。どこかの部署の何らかのポストに欠員が生じた場合、その代替要員確保のために、まずは社内に求人を出し、応募者がいない、あるいは応募者がいても、その仕事を遂行できるレベルに達していない人材と判断した場合、社外に求人を出すのが一般的です。

求人の要件には、その仕事に求められる能力、資格、技能などが厳密に定義され、その職に応募できるのは、基本的に「その仕事ができる人」だけです。したがって欧米では、日本のような何のスキルもない若者が一括で大量に採用される「新卒採用」は、存在しないに等しいのです。

しかし、新卒採用がない欧州の若年失業率の高さは深刻です。日本の若年失業率（15〜24歳）は6・3％（総務省統計局「労働力調査」２０１４年）なのに対し、ＥＵ圏では15〜24歳の若者の22％が職に就いていません（学生はのぞく）。

つまり、日本では新卒採用があるからこそ若者が初職を見つけやすいといえます。

ただし、日本の新卒採用には致命的なデメリットがあります。それは、「新卒」という1回きりの〝ゴールデン・パス〟をうまく使えず、就職機会を逃すと再チャレンジがしにくいことです。

最近でこそ大卒後3年以内、あるいは30歳までは新卒扱いにする企業も出現してきましたが、現実問題として、現役大学生と比べるといまだに既卒は不利です。

結局、新卒採用を逃した既卒組は、非正規など不安定な職に就くことになりやすく、そのまま非正規が常態化するケースが多いのです。

加えて日本の場合は、正社員と非正規の待遇差が深刻です。フランスのパートタイム勤務者の賃金はフルタイム勤務者の賃金の89・9％なのに対し、日本のパート勤務者の賃金はフルタイム勤務者の賃金の56・6％しかありません。

政府はこの格差を縮小すべく、働き方改革の目玉として、同じ労働をする正社員と非正規には同等の給料を支払うべきだとする「同一労働同一賃金ガイドライン案」をまとめました。しかし、これを政府が実行したとしても、運用する会社には〝抜け道〟があります。それは、正社員と非正規の仕事内容を「違う仕事」として、分離してしまうこと。そうすれば実質的には同一労働でも、「同一労働同一賃金」を守っていないとはいえなくなります。

そもそも、欧州の正社員と非正規の賃金格差がさほどないのは、職種別の横断型の労働組合があるからです。日本の場合は企業別の組合が基本で、その組合員も正社員が主体です。だから組合の言い分は、正社員の既得権益を守ることに集中しやすいのが現実なのです。

そして、正社員の既得権益が膨らむと、非正規はますます正社員になりづらく、非正規にとどまり続ける可能性が高まり、格差が固定化してしまいます。そんな理由から、政府は日本型雇用システムの再考を促しているのです。

日本型雇用は変われるか？

そもそも日本型雇用システムは、日露戦争後、一部の大企業がより忠誠心の高い職工を養成するために定期採用と定期昇給、退職金を導入したことに端を発しています。

第二次世界大戦期には「皇国の産業戦士」という思想のもと、厳格に統制された事実上の年功序列制が〝完成〟しました。そして、戦後は、労働力の不足から業績に関係なく、生活に必要な給料を支払う「生活給」の思想が広がっていきました。

しかし、１９６０年に「所得倍増計画」を唱えた池田勇人総理（当時）は、意外にも欧米型の近代型労働市場を志向しています。実際、所得倍増計画には「労務管理制度も年功序列的な制度から職能に応じた労務管理制度へと進化して行くであろう。（中略）労務管理体制の変化は、賃金、雇用の企業別封鎖性をこえて、同一労働同一賃金原則の浸透、労働移動の円滑化をもたらし、労働組合の組織も産業別あるいは地域別のものとなる1つの条件が生まれてくるだろう」と記されているのです。

つまり、年功序列の廃止や同一労働同一賃金の議論は今に始まったことではなく、50年以上前から同工異曲に繰り返されてきた話なのです。

それでも、日本の会社が日本型雇用システムから脱却しなかったのは、日本の会社員は「職務」も「勤務地」も「労働時間」も無限定だからこそ、適時適職への異動が可能で、組織設計がしやすいというメリットがあまりに大きかったからでしょう。

もっとも最近では、ITや電機など、製品やサービスの更新サイクルが速く、なおかつ国際的な競争にさらされている企業を中心に、年功給の廃止や、中年期からの専門職と総合職のコース分けなど、日本型雇用のスタイルを捨てる企業が着実に増えていることは確かです。

今後、ますます、産業転換のスピードは加速することが想定されるため、「脱日本型」はもはや避けられない流れなのではないでしょうか。

入り口は新卒一括採用という「日本型」でも、従業員のキャリア中盤期以降は、定期昇給を廃止し、各自の仕事の大きさや責任に応じた役割給を基本とするなど、「和洋折衷型」の雇用システムを選択する企業も増えてくるのではないかと予測します。

高額初任給企業が続々、変わる新卒〝一括〟採用

新卒一括採用においても、「脱日本型」の萌芽はすでに現れています。その1つが、学生に人気の大企業のなかでも大量採用することで知られ、長らく就職人気ランキング上位の常

連だったメガバンクが採用数を減らしていること、そして別途、投資銀行業務など高度な職種向けに特別枠採用を行っていることです。

２０１７年、メガバンクがリストラを検討中とのニュースが世に衝撃を与えました。みずほフィナンシャルグループは今後10年以内に、グループ全体の３分の１に相当する約１万９０００人分の業務量削減を検討しています。大量採用されたバブル世代の退職による自然減で対応するとともに、新規採用も抑制。さらに全国約８００店の機能を見直し、20～30店の統廃合を検討していると報じられました。

また、三菱ＵＦＪフィナンシャル・グループは国内従業員の３割に相当する９５００人分の仕事を自動化すると表明。三井住友フィナンシャルグループも、２０１９年度末までに４０００人分の業務量を削減するとしています。

メガバンクといえば、前述のように、これまでは新卒採用人数の多さで知られ、『就職四季報２０１９年版』によると、２０１８年卒の新卒をもっとも多く採用した企業１位は、１３６５人採用したみずほフィナンシャルグループで、２位が１０５０人採用した三菱ＵＦＪ銀行、三井住友銀行は８００人採用で5位となっていました。

しかしその数は、以前に比べると大幅に減っています。みずほフィナンシャルグループは、２０１７年卒の１８８０人から約５００人、三菱ＵＦＪ銀行が１２５０人から２００人、三井住友銀行は1450人から650人も減らしているのです。

一方でみずほフィナンシャルグループでは、コーポレートファイナンス、産業調査、事業戦略アドバイザリー、海外進出アドバイザリー、証券カバレッジなど高度な専門分野への配置を確約する「GCF／GM&AMコース」を設定。「スタート特定」として一般の総合職とは違い、支店営業から外し、最初から専門職として鍛える制度を導入しています。

このように、最初から配属先を確約し、各職種のプロフェッショナルを育成する動きは、銀行以外にも広がっています。

たとえばJT（日本たばこ産業）では、内定者のなかから選抜した新卒者を、最初から難度の高い仕事に配属し、給与も一般の総合職より高く設定しています。

今後はこのように、職種を限定しない〝総合職〟は将来の幹部予備軍として、いわば〝キャリア官僚〟のように遇し、積極的にジョブローテーションをさせる一方で、その他の社員は職種別に人事管理、育成する会社が増えていくと思われます。

また、昨今ではインターンシップからの採用や職種別採用、社員の紹介によるリファラル採用など、採用チャネルが多角化しています。就職みらい研究所が4319社に聞いたところ（回答数は1192社）、2019年卒の採用方法として、企業はこれだけ多種多様な採用スタイルを用意していることがわかりました（表2参照）。

なかでも注目すべきは、職種別採用や部門別採用など、いわば配属先を確約する採用スタイルが定着したことです。たとえばソニーは技術系が56コース、事務系は7コース、合計63コースに分かれたきめの細かい職種別採用を行うことで知られています。

表2　2019年卒採用の方法・形態
（全体/それぞれ単一回答）

N = 1192　　(%)

採用の方法・形態	全体	従業員規模5000人以上
職種別採用	63.6	51.5
部門別採用	20.0	16.4
コース別採用	26.0	31.8
地域限定社員の採用	21.8	44.1
新卒の契約社員の採用	1.6	6.6
新卒の紹介予定派遣採用	0.4	
新卒の人材紹介会社を介しての採用	12.3	18.5
リファラル採用	9.9	30.3
初任給格差をつけた採用	13.5	26.9
通年採用	26.3	28.1
夏採用	19.6	31.9
秋採用	14.9	27.1
採用直結と明示したインターンからの採用	10.2	7.7
アルバイト等からの社員登用による採用	12.0	32.8
通年入社での採用	6.7	3.3

出所：「就職白書2018」就職みらい研究所（リクルートキャリア）

ジェネラリストの悲哀

なぜ日本の大手企業でも、欧米のような職種を限定した採用が広がっているのでしょうか。その理由の1つが、メガバンクの採用減に象徴されるように、かつてジェネラリストが担った仕事がITに置き換えられつつあることです。

いわゆる事務系の仕事は、将来的にはフィンテックのような「○○テック」と呼ばれる仕組みで代替可能となりつつあり、総合職は組織マネジメントができる、いわば〝スーパージェネラリスト〟としての役目が求められてきています。

また、第4次産業革命の影響で、エントリーレベルの仕事（難度が低い仕事）は自動化されていく傾向も見えつつあります。

これまで事務系の総合職は、最初は付加価値の低い事務や営業から始めて、徐々に難度の高い仕事にチャレンジし、付加価値を高めていくというステップで成長してきました。しかし今、その入り口となる仕事が急速に減っているのです。

エンジニアに初任給40万円超を支払う企業が続々

文系のエントリーレベルの仕事がますます減ると予測されるなか、学生時代に高度な技術や知識を蓄えたエンジニア（技術職）の価値は高騰し続けています。

中国通信大手、ファーウェイが新卒エンジニアに月給40万円超を支給――。2017年に流れたこのニュースは、人事関係者の間で瞬く間に話題となりました。

ちなみに、2017年の新卒の初任給は院卒者が23万3400円、大卒者が20万6100円が平均です（厚生労働省調査）。

また、日本の勤労者の賃金は過去20年間ほとんど変わっておらず、バブル時代の30年前と比べればむしろ減っています（図7参照）。こうした状況を考えると、ファーウェイの高額初任給が話題になったのは、至極、納得できる話です。

ファーウェイ広報によると、40万円超初任給は、今に始まった話ではなく、「3年前から理工系の学生を対象に同業他社と同水準になるよう調整してきた結果。月給40万円は優秀な人を採用するためのグローバルスタンダード」だといいます。

「一律初任給」を廃止したサイバーエージェント

新卒は横並びで扱うのが不文律だった日本企業にも、実力に応じて初任給に差をつける企業は増えつつあります。

「就職白書2018」によると、「2019年卒の採用方法」について、「初任給格差をつけ

図7　性別賃金の対前年増減率の推移

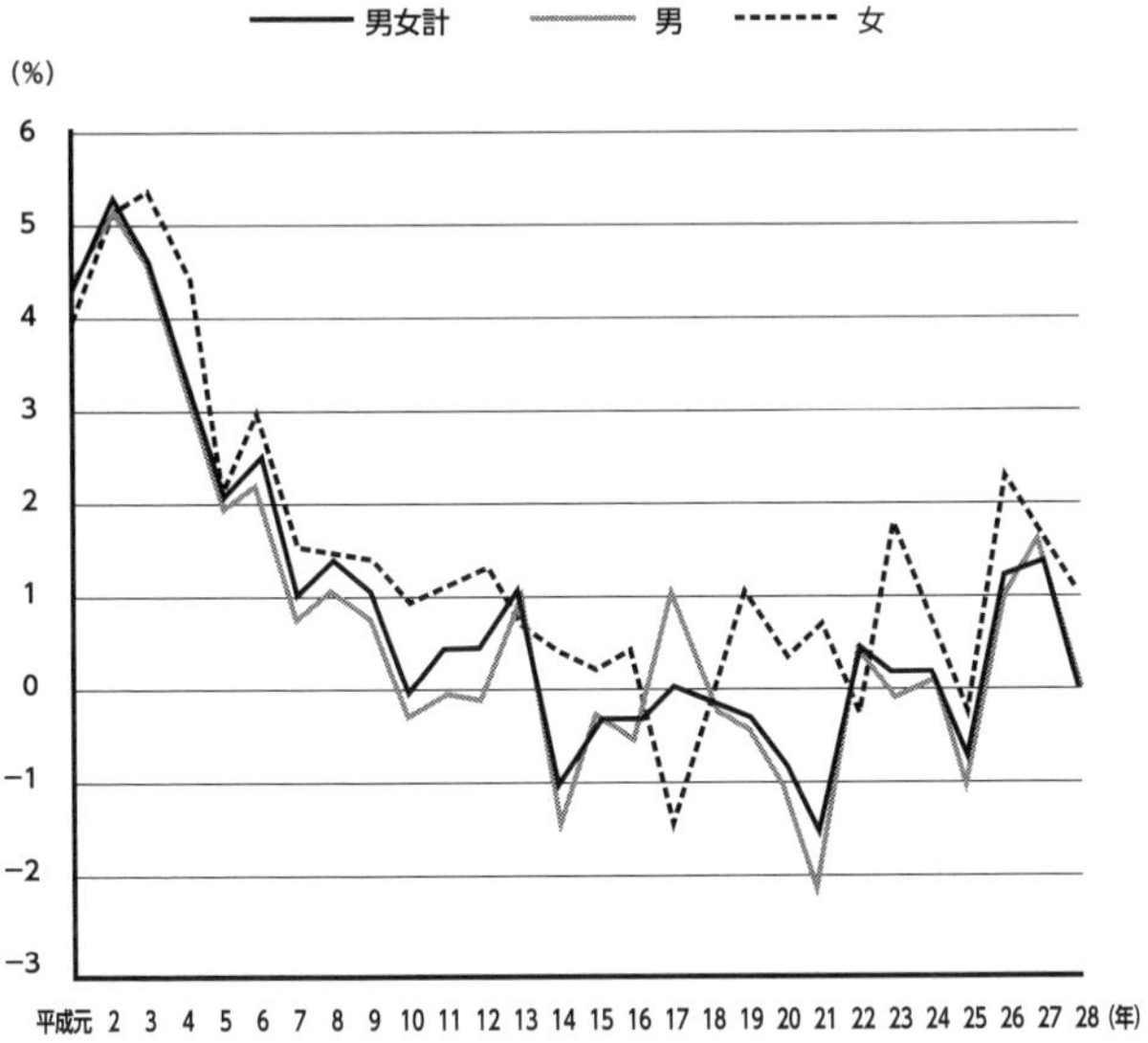

出所：厚生労働省調査

た採用」を実施する予定の企業は全体で13・5％。従業員5000人以上の大企業に限ると26・9％にのぼり、前年より7・5ポイントも増えています。

たとえばサイバーエージェントは、アプリを作ってビジネス化した人、あるいは修士やドクターで機械学習の研究をしている人など、高度な即戦力である人の給料を一律にするのはおかしいという合理性から、新卒エンジニアの「一律初任給」を廃止しました。

エンジニアの初年度の年俸は、最低でも450万円。そこから、個人の実力に応じて加算していくといいます。

さらに、実際にサービス開発経験があるなど、もう一段上の技能を持つ学生に限り、「エキスパート認定」という上級コースも用意し、「月給60万円、年俸720万円を最低保証」という待遇で、実力に応じて給料を決定していくそうです。

初任給横並びは滅びる

そもそも、一口に「新卒」といっても、大学や大学院で学んできたことのレベルにはピンからキリまでの差があります。インターンや起業などの実務経験が豊富で、プロ並みのスキルを有する「プロ学生」も増えています。

実際既に日本企業でも、リクルートホールディングスにおける「グローバルエンジニアコース」など、高いスキルを保有する学生はいきなり高い給料で遇するという現象が起きています。

これまで企業の競争力の源泉は、豊富な資金力でしたが、金余りの先進国では、資金力から希少人材へと移行しています。今後は優秀な人材の獲得競争時代へと突入し、新卒採用もかつてのような横並び路線の踏襲では勝てなくなっているのです。

副業解禁企業が増える

新卒一括採用の取りやめ以外にも、「脱日本型雇用」の動きの萌芽として、副業（複業）・兼業を原則ＯＫとする会社が増えていることも挙げられます。

67ページに、副業・兼業を推奨、解禁した大手企業の意図と取り組みについてまとめた表があります。

この背景としては２０１７年11月20日、厚生労働省のワーキンググループが「モデル就業規則」において、副業を認める内容の改正案を提示したことが挙げられます。モデル就業規則は、企業が就業規則を制定する上でのひな型となっていることから、今後も企業が副業を解禁する波及効果は見込めるでしょう。

では、ビジネスパーソンにとって副業・兼業が当たり前になると、どのような変化が起こるのでしょうか。

簡単にいえば、労働市場にさらされ、自分の仕事に明確な値段がつくという体験をすることで、自身の市場価値を意識せざるを得ないことになるはずです。市場価値を意識するということは、自分の手持ちのスキルや能力の見通しをすることとほぼ同義です。

また、副業の現場には本業のような直属の上司がいません。すると、当然〝指示待ち〟では通用するはずもなく、自発的に考え、行動する〝セルフスターター〟としての資質が問われていくでしょう。

加えて、副業やそれを下支えする本業の価値を高めるためには、専門分野にプラスαの要素を加味する、あるいは専門分野を最先端仕様にアップグレードするための、実質的な「学び」も欠かせなくなります。

それにより、大学など教育機関に通う、あるいは社会人向けの大学院で学ぶといった、体系的な学びの必要性を感じるビジネスパーソンが増えると思われます。

表3　副業（複業）・兼業　解禁企業

企業名	意図・取り組み
ソフトバンク	新規事業や既存事業の活性化などのイノベーション創出、創造性のアップが目的。本業に影響がなく、成長につながる副業を対象に認める。2017年11月に解禁し、同年末までに130人（全従業員1万8000人中）が手を挙げた。
ディー・エヌ・エー	2017年10月から社外での副業だけでなく、同社内の他部署の仕事も一定の条件下で兼務できるようにした。複数の職務経験を並行して積むパラレルキャリアを望む社員の要望を尊重することで、自己実現や仕事へのモチベーションを高めるのが狙い。
ロート製薬	2016年6月に、社外チャレンジワーク制度（土・日・祝・終業後に収入を伴う兼業を認める）と社内ダブルジョブ制度（複数の部門・部署を担当できる）をスタート。どちらも社員からの立候補によって社内で審査する。全社員が新しい知識を身につけることが狙い。
ヤフー	才能と情熱を解き放つこと、多様な働き方を促進する制度の1つとして副業を許可している。活用している社員が多いことで有名。期間、内容、収入、本業に支障がないことを記載して申請するシステム。
ユニ・チャーム	2018年4月に副業解禁。社員が自社と異なる環境で新たなスキルや専門性を身につけたり、能力を発揮する機会や人脈を広げる機会を得たりすることを支援するため。介護やデジタルマーケティングなど本業に隣接した分野の副業を推奨している。
新生銀行	2018年4月に副業・兼業を解禁。守秘義務などが厳しい大手銀行として初の取り組み。職種を問わず全社員2700人が対象。将来の人材を確保するための働き方改革の一環で、いずれは新生銀行が副業先になることも視野に入れているという。
コニカミノルタ	2017年12月、個々人の経験や知見の多様性をさらに強化し、イノベーションを創出するための副業・兼業解禁を実施。会社経営・コンサルタント・ITプログラマーなどの副業・兼業を想定しており、人事部が承認可否を判断し、決定する。
サイボウズ	「100人いれば100通りの人事制度があっていい（個を尊重した多様な働き方）」という青野慶久社長の方針のもと、副業・兼業は自由。出社しても、しなくてもOK。出退勤の時間も含めて働き方は自分で決められる。役員にも副業を推奨するなど、副業推進のトップランナー的存在。
リクルートグループ	新卒採用において「5つの特徴」の1つに「入社後の副業可」が挙げられており、学生起業家が入社するケースもある。入社後の副業や起業は申請制度になっており、本業と競合しない範囲内であればOKとなっている。
メルカリ	「副業禁止規定」は優秀な才能を摘みとってしまうこと、優秀な人は短時間でも成果を出せること、プライベートの時間で才能を活かして社会に貢献することは素晴らしいという考えから副業を推奨している。
エンファクトリー	「生きる力、活きる力」を身につけるよう、「専業を禁止」している。ただし、パラレルワークが必須ということではない。同社では、個人と会社組織がお互い誠実に振る舞うことによって、所属していても離れても「相利共生」の関係が続けられることが理想だとしている。
サイバーエージェント	就業時間以外の時間は社員のものであり、会社がどうこう言うべきではない、という考え方から2015年5月に「事前申請で副業OK」と社員に告知。会社に迷惑をかけないことが条件。デザイナーとエンジニアの副業例が多い。
オイシックス	副業・兼業をすることは、自社では経験が難しい成長機会やスキル形成の機会創出につながるという考えから、役員をはじめ多くの従業員が年齢や性別の偏りなく副業・兼業を実践している。所属部署の上司と人事部門に対して申請を行う。
【その他、副業できる主な大手企業】　グーグル、NTTデータ、LINE、ソニー、TBSホールディングス、アクセンチュア、花王、富士通、日本ヒューレット・パッカード、東芝、キヤノン、日産自動車、三菱自動車、ブリヂストン、デンソーなど。	

マネジメントの役割も変わる

ところが日本の大学や大学院は、社会人の仕事能力の向上に直結する有用な講座や課程が増えてはいるものの、十分とは到底いえない状況にあります。そこで、大副業時代には、仕事に役立つ授業の展開や、それを担う各界で活躍する講師の登用など、学校側の改革も待ったなしとなることが推察されます。

一方、企業の人事は、社員の学びをサポートする「サバティカル休暇（学業休暇）」の付与など各種制度の設計や、学びを応援する風土作りなどが求められるようになるはずです。

また、マネジメント（指導者）の役割も変わってゆくでしょう。これまでの指示型から、適切なフィードバックを与えることにより、部下自身のリフレクション（振り返り）を促す役割にシフトしていくと思われます。

ソフトバンクの100年人生対応策

これまでの日本型雇用では、退職金や企業年金などの保障や社会的信用といった観点から、長く勤めれば勤めるほど得な仕組みに設計されていました。そのせいで、「会社を替える」「職を替える」など、グラットン氏がいうところの〝変身〟がしにくかった側面が大きくあります。

しかし最近では、「人生１００年時代」を見据えた企業も現れ始めています。たとえば、ソフトバンクでは転職しても年金資産の持ち運びができることや、老後資金は自己責任で管理すべきとの考え方から、退職金代わりとして確定拠出年金制度を取り入れています。これにより、会社に長くいればいるほど得をすることは、ほぼなくなりました。

また、社員の自律的なキャリア形成を促すため、自分が行きたい部門に、我こそはと手を挙げる「ＦＡ制度」を活用し、数百人規模で社員が異動しています。

学び直しとスキルの再習得に投資する必要がある時代に備え、社内トレーニングも拡充させています。英語や会計はもとより、プログラミングからＵＸ（User Experienceの略。ユーザーが製品・サービスを通じて得られる体験のこと）の基礎研修に至るまで、70コース以上を用意。希望する人は基本的に誰でも受講が可能で、講師陣も基本は社員による「手挙げ」により選ばれます。

さらに、現状の定年制度は、60歳で定年退職し、65歳まで雇用延長するという一般的なものですが、今後は年齢に縛られず、個人の実力や意欲に応じた処遇に変えていく見込みだそうです。

グラットン氏はNewsPicksのインタビューで、企業と従業員の〝親子関係〟は瓦解すると語りました。

かつて、企業は「親」として、「子ども」である従業員に「君たちは何の選択もしなくていい。やるべきことは何でも教えてあげるから」という対応でしたが、現在では企業と従業員は対等な「大人と大人の関係」に移行しているというのです。

つまり、人生100年時代は、人生の主人公である本人がキャリア計画を創る時代になるということです。

第3章

本当は怖い「働き方改革」の話

働き方改革はサラリーマンの福音か

「長時間労働の慣行を断ち切ります。ワーク・ライフ・バランスを確保し、誰もが働きやすい環境を整えてまいります。70年に及ぶ労働基準法の歴史において、正に歴史的な大改革に挑戦する。今月召集する通常国会は、働き方改革国会であります」

2018年1月4日。安倍晋三総理は、年頭記者会見でそう宣言しました。安倍総理は、「働き方改革実現推進室」の立ち上げの際の「訓示」としても、「かつての『モーレツ社員』のような考え方自体が否定される。そういう日本にしていきたいと考えている」と声高らかに語っています。こうした言葉を聞くと、「働き方改革」は、モーレツに働いてきたサラリーマンがようやっと過重労働から解放される〝福音〟であるかのように聞こえます。

これでやっと長時間労働から解放されるのか、と感じる人も少なくないと思います。しかし働き方改革の本質は、多くのビジネスパーソンにとって、自立を迫られる厳しさがあります（反面、前章で解説したような息苦しさを伴う「日本型雇用」から解放されるという側面も）。

本章では、働き方改革の本質とは何かについて迫っていきたいと思います。

長時間労働の規制で残業時間は減るのか

２０１８年５月、働き方改革法案は衆院本会議を通過。これにより、事実上、青天井だった残業時間は、今後どんな理由があろうとも年間７２０時間が上限になります。既に、大企業の大半が大幅な残業制限に着手済です。実際、「毎月勤労統計調査」２０１８年１月分結果確報（全国調査）によると、ビジネスパーソンの労働時間は少しずつ減っていて、２０１８年２月の労働時間は平均１３９時間と前年比マイナス２・２％、出勤日数も０・５日減少しました。

電通の新入社員をはじめとした昨今の過労自殺の問題を受け、残業時間に一定の制限が入ったことは、評価すべきことだと思います。しかし結論から言うと、そう簡単に残業はなくならないでしょう。

それは、メンバーシップ型と呼ばれる日本型雇用のためです。前述した通り、日本と韓国以外の先進国の会社では、まず「仕事ありき」でその仕事に人が紐づくシステムです。そのため、「その仕事」をしている人が辞めれば社内外で募集をかけて欠員を補充します。

片や、日本の企業はまず「人ありき」で（多くの文系総合職の場合、地頭《じあたま》とコミュニケーション力だけで採用され、どこに配属されるかは人事の胸三寸で決まります）、その人に仕事が紐づく仕組みです。それにより、業務内容が次々に変わる、また、その人の能力が高いとますます仕事が増えるといったことが多々あります。そもそも、一人ひとりの業務範囲も明確ではありません。だからこそ、各人の業務範囲は際限なく広がる可能性があります。

さらに現況のシステムでは仕事量や成果、あるいは熱意（上司の心証を大いに含んだ）が出世にも大きく影響してくるため、迂闊に仕事量を減らすことは難しいのです。

したがって、政府がいくら残業時間を罰則付きで制限するといっても、その効果はそれほど期待できないというのが私の見立てです。たとえ会社が夜には消灯するといった大胆な策を取ったとしても、会社のカルチャーが変わらない限り、自宅やカフェで仕事をする人が続出するのではないでしょうか。政府が本当に残業時間を減らしたいと考えるなら、日本型雇用システムとセットで議論するべきでしょう。

先進7カ国で最低の生産性

政府は２０１７年の未来投資会議で、「生産性革命こそがデフレ脱却への確かな道筋になる」と強調し、３％以上の賃上げをした企業への法人税の減税や、生産性を高めるためにシステム投資をする中小企業の固定資産税の減免なども政策に掲げています。長時間労働の是正と生産性向上をセットで行うという目標は壮大ですが、足元、日本の生産性は極めて低いといえます。

２０１７年12月の日本生産性本部の発表によると、２０１６年の日本の労働生産性は、時間当たりで46ドル。前年より０・５ドル増えたものの、ＯＥＣＤ加盟35カ国のなかでは20位で、主要先進７カ国で見ると最下位の状況が続いているのです。

図8　OECD加盟諸国の時間当たり労働生産性

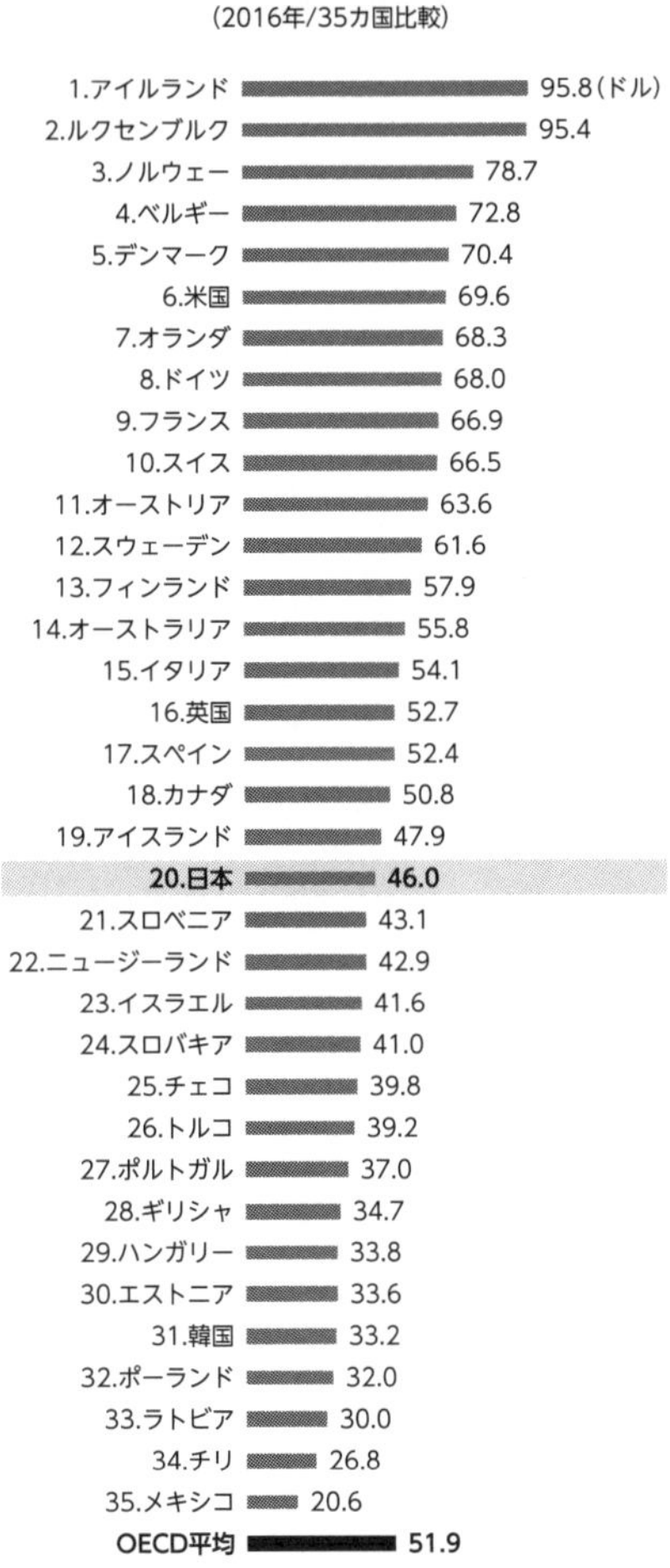

単位：購買力平価換算USドル
出所：公益財団法人　日本生産性本部

では、なぜ日本の生産性はここまで低いのでしょうか？　それには次のような10の理由が挙げられます。

1．マネジメント（経営者）がビジネスモデルを変えず、「稼ぐ力」が弱い。
2．多様な人材を活用できないため、イノベーションが起きにくい。
3．出世に年功要素が払拭されないため、若手のやる気が削《そ》がれエンゲージメント（組織への愛着）が低い。
4．給料に時間給の要素が消えないので、残業前提の働き方が根強く残る。
5．従業員の解雇がしにくいことから、余剰人材が多く、社内失業者が４６０万人以上いる。
6．企業年金や退職金の設計などが理由で、転職することへのハードルが高く、労働市場が流動化しない。だからこそ、有用な人材をスカウトしにくい。
7．業務縮小に伴う人材整理がしにくく、衰退産業や事業に人が張り付いたまま、成長産業への人材移動がされにくい。
8．先進国のなかでも、社員をトレーニングする教育予算が極めて低く、仕事のスキルが向上しない。
9．ダイバーシティが進まず、女性やシニア人材、外国人などの有効活用ができていない。

10．生産性を高めるシステム投資が進まない。あるいは、その効率が悪い。

このように、日本の生産性が低い理由には、前章で説明した通り、日本型雇用の限界からくる要因に集約されるものが多いのです。

「高プロ」は怖いのか？

働き方改革を推進する内閣府や経済産業省の資料、大臣から発せられるメッセージを見ていると、いよいよ政府も「脱日本型雇用」に舵を切り出しているのだと感じられるようになりました。

その1つが、年収1075万円以上の専門職社員に限って、労働時間規制から外せるようにする「高度プロフェッショナル制度（高プロ）」の新設です。

2005年にも似たような制度が、「ホワイトカラー・エグゼンプション」の名称で経団連から提言され、厚生労働省が導入を検討したことがありましたが、連合や一部メディアが「働かせ放題」「過労死促進法案」などと猛反発し、廃案に追い込まれました。

しかし、「高プロ」を目玉とする、安倍晋三内閣が2018年の国会の最重要法案と位置付けてきた「働き方改革関連法案」は、6月29日には参議院で可決され、成立することになりました。

もっとも、もともと管理職は時間で管理される立場から除外されていますし、管理職ではない平社員で1075万円以上の年俸を貰っている人は稀です。なのになぜ、立憲民主党や国民民主党、共産党などが強硬に採決に反対したのでしょうか。

それは、高プロの導入により、日本型雇用が否定されると考えるからでしょう。

高プロを一言でいうと「脱時間給」です。時間に管理されずに働く人がたとえ一部でも組織内に存在するようになれば、社員の仕事に対する考え方はバラバラになり、おのずと、団体で経営陣に待遇改善を求める組合の〝一致団結感〟は薄れます。すると組合の既得権は薄れる一方です。

また、残業代を込みにした給料を最初からあてにしている人にとっては、自分の仕事が終わればさっさと帰る従業員は煙たい存在です。「高プロ」の導入による影響で、全社員を年俸制にする会社が出現することで、賃金が目減りする社員が出てくる可能性もあります。

そんなことから「高プロ」に対しては反対意見が多いのでしょうが、そもそも、時間単位で働くという考え方自体が高度経済成長期の工場労働を想起させ、時代錯誤的としかいいようがありません。

仕事に熱心な人は、寝ても覚めても仕事の課題やヒントを考えているものですが、その時間も「労働時間」としてカウントしていたらキリがありません。

もっとも、高プロ導入にも課題があります。それは高プロの対象者である、専門職者の「仕事の値段」をどう決めるのかということです。

おそらく、「その仕事は今、市場でいくらで取引されている」という「市場価格」に鞘寄せしていくと思われます。

既に、日立製作所では「グローバル・グレーディング」といって、グループ会社全体の管理職以上の職務において、職種の稀少性や難度を分析、その役割や責任の重さに応じた「役割給」を導入しています。また、グループウェアなどの開発を手掛けるサイボウズでは、２０１０年より「市場価格」で社員の給与を決定する評価制度を導入しています。

会社と社員の関係が変わる

このように、高プロの対象社員の業務範囲や報酬を市場価格に鞘寄せしていく動きが広がれば、会社と個人の関係性も、次第に変わっていくでしょう。

企業と高プロの対象社員は、使用者と雇用者という関係性から、業務請負のような仕事と報酬を交換する対等な関係へ変容していくと思われます。

こうなると、他の社員も、毎年一定の昇給があり、定年を迎えるまで雇用が守られるというかつての「当たり前」が通用しなくなる可能性が高くなります。

「働き方改革関連法」の成立は、日本型雇用に風穴をあける一矢となることは間違いありませんが、翻って考えると、会社に提供できる明確な価値がない人にとっては、残酷な制度ともいえます。

「一億総活躍」「人生100年時代」に隠された意味

「高プロ」以外にも、政府が発信する言葉のなかには、旧来の日本型サラリーマンを否定する、ある意味〝怖い〟メッセージが多々見受けられます。そこで、そのメッセージの裏にある本音を、次の表4に記しました。

「働き方改革」と「人生100年時代」は、2017年の流行語大賞にノミネートされました。とりわけ「人生100年時代」は首相官邸に「人生100年時代構想会議」が設置されたくらい、政府にとって使い勝手のよい言葉のようです。

これからは100年生きるのが当たり前という前提に立ってしまえば、誰しもが長く働か

表4　政府が取る音頭の建前と本音

建　前	本　音
人生100年時代 一億総活躍	医療費・年金制度破綻の懸念 これ以上、国が国民の社会保障を支えきれない 専業主婦もシニアも働ける人は全員働いてほしい 非正規を正社員にして税収アップ、社会保障費を削減したい
高度プロフェッショナル制度	脱時間給、裁量労働をゆくゆくは全社員に拡大したい
解雇規制の緩和	産業界の負担を軽減し、税収を上げたい 社内失業者を増やしたくない、減らしたい クビになる危機感を与えて、ぶら下がり正社員を減らしたい 生産性向上
長時間労働に罰則付き制限	残業代で稼ぐ社員の撲滅。脱時間給への流れを加速
副業・兼業の普及促進	会社の寿命は短命化。1つの会社では終身支えきれない時代 個人に自立してほしい
女性活躍 ダイバーシティ	労働力の確保 人手不足の解消 税収アップ、個人消費の拡大 女性活躍ランキング、指数など国際的なプレゼンスの向上
人材流動化	失業率を上げたくない 生産性向上
失業なき労働移動	人余りの大手から万年人手不足の中小に人材を流したい 廃れた産業から、発展する産業へのビジネスモデルの切り替え促進 脱日本型雇用
リカレント教育の普及・促進	大人も学んでもらって、70歳、80歳まで「食える大人」を作りたい 税収アップ

ざるを得ない将来を覚悟するからです。

人生100年なら、定年が65歳まで延長されたところで、余生はあと35年、その間、年金支給と医療費がもつ保証はもうどこにもありません。だから、「健康を管理して健康寿命までは働いてください。そして70歳、80歳まで働くには、30代、40代の早いうちから長く働く戦略を自分で考えてください」――。これこそが「人生100年時代」「働き方改革」「一億総活躍」といったキーワードに込められた真のメッセージなのでしょう。

医療費はもつのか

現実的な問題の1つとして、日本の医療費は膨らみ続けています。

厚生労働省の「平成27年度　国民医療費の概況」(2017年9月公表)によると、平成27年度(2015年度)の国民医療費は42兆3644億円。実に、社会保障費の36・9%を占め、GDPの7・96%に相当します。

なかでも、65歳以上の高齢者の医療費が占める割合は6割近くに達し、さらに、そのうち6割を75歳以上の後期高齢者の医療費が占めます。

前出・河合氏の『未来の年表』によると、75歳を超えると大病を患う人の数が増え、1人当たりの医療費が74歳以下の5倍近くかかるといいます。そして、2025年には日本の人口のボリュームゾーンである、団塊の世代すべてが75歳以上の後期高齢者になります。

その段階に入ると、医療費、介護費の膨張圧力はより一層増すでしょう。「はじめに」でも書きましたが、日本は若者が高齢者を支える仕組みの社会保障制度ですから、いよいよ若者1人が高齢者1人を背負う「肩車型社会」の到来が現実味を帯びてきます。

なおかつ、河合氏は下支えをする若者の雇用環境を、「非正規労働者が増大し、就職できずに親の支援を受けている人が珍しくない。親がなくなった途端、生活保護という人もいる」と指摘。その上で「肩車型社会」とは、「やせ細った若者が顔を真っ赤にして丸々と太った高齢者をかつぎあげている」状態と、その限界性について説明しています。

加えて2018年4月、財務省が厚生年金の支給開始年齢の引き上げを示唆したことが、波紋を呼びました。厚生年金の支給開始年齢は現在、段階的に65歳に引き上げている最中ですが、これをさらに68歳まで延ばす案を提示したのです。

2024年には、国民の3人に1人が65歳以上になると試算されています。

現状でも、国家予算のうち社会保障費は既に3割を占め、それがさらに恐ろしい速さで進む高齢化により、毎年1兆円近く加算されていくのですから、行政の無駄を防ぐといった策では到底カバーできないことは明らかです。そう考えると、将来的に、年金支給開始年齢は

68歳から70歳、いや、それ以上に引き上げられる可能性も否定はできません。

だからこそ、政府は「働き方改革」の名のもとに、声高に「人生100年時代」や「一億総活躍」を叫んでいるのでしょう。

世耕大臣「新卒採用なんてやめてしまえ」

国や会社を頼られても困る、国民は一刻も早く自立してくれ——。

働き方改革の本質は、新卒一括採用から始まり、年功で昇進、OJTで学び、組合に守られ、終身にわたり雇用されるという日本型雇用システムからの脱却にあります。

実際、働き方改革の旗振り役である経済産業大臣の世耕弘成氏は、NewsPicksのインタビューで、「日本型雇用の諸悪は『初任給』という形で一律の給料で遇する新卒採用から始まっていると思う。もはや人材を一律に扱う時代ではない。おしなべて同期に同じ給料を払う仕組みがおかしい」と語っています。

また、解雇ルールの緩和についても、規制緩和路線であることをきっぱりと示しました。

以下、その発言についてです。

〝はっきり言うと、解雇をめぐる予見可能性が低いことは、日本の経済の大きな足かせになっているんです。

経営者が、会社の事業を変えていかなくてはいけない、あるいは特定の事業を縮小しなければいけないと決断したとき、残念ながら、ご本人の能力はありながらも、必要がなくなる人というのは、当然、出てきます。

しかし、今は、そういった人に対応する法体系がない。だから、大企業は早期退職という形で割増退職金を支払って、実質的な解雇を行っていますが、中小企業では逆に十分なお金の保障もないままに事実上のクビ切りを行っているわけですよ。

ですから、何年分の割増退職金を支払うとはまだ明確には言えませんが、たとえば、ある一定の金額が支払われた上で、別の会社に移っていくという仕組みは整備されるべきです。

そうすれば、その人は、そのお金を元手に学び直しをして、別の会社に別のスキルを持って就職することができる可能性が高くなります。

それが今のままでは、企業も事業転換が容易にできず、経営が駄目になっていくのはわかっていながらも、業界にしがみついていくしかなく、その結果、最後の最後で、2万人規模でのリストラなんていう一番悲惨なことが起きてしまいます〟

さらに、大企業を解雇された人、あるいは社内失業者を人手不足の中小企業に労働移動させることも、現実問題としてありうると話しています。

政府が言うところの「失業なき労働移動」とは、成熟産業から成長産業への人の移動という意味だけではなく、人余りの大企業から人手不足の中小企業に人材を流動させるという意味も含んでいるのです。

「自律型キャリア」を促す企業の本音と建前

一方でここ数年、大手企業を中心に、主にミドル世代（40代以降）に向けて〝自律〟というキーワードで社員を啓蒙する会社が増えています。

「自律型人材の育成を支援する」の文句でミドル向けの研修を売る会社もたくさんあり、NTT系のエヌ・ティ・ティ ラーニングシステムズ、リクルート系のリクルートマネジメントソリューションズ、NRI（野村総合研究所）など大手の研修会社がこぞって、「キャリア自律における人と組織の抱える問題・背景を捉え、〝実効性〟の高い最適なソリューションを提供します」といったコピーを掲げています。

しかし、ここへきて、なぜ日本の大手企業はこんなにも、従業員に〝自律〟を求めるようになったのでしょうか。

伊藤忠商事の人事・総務部長の垣見俊之氏はNewsPicksのインタビューにおいて、「1つは指示待ち人材ばかりでは、急激に速まる事業のスピードについていけないため。もう1つとして、自らの仕事、キャリアに当事者意識を持つことは、目の前の仕事に対する取り組みにも1つ1つリンクしてくるから」と、その理由について説明しました。

ただし実態としては、長年の終身雇用制度が生んだ「従業員のキャリアは会社が面倒を見てくれるもの」という意識にこそ、メスを入れる必要があるといいます。

「日本のように、ずっと1つの会社で生きていくという1つのベクトルしか働いていないと、企業側も定年まで、リソースである人材の能力を上げていくことに注力せざるを得ない。他国のように人材が流動化していれば、労働市場での自分の価値を高めるため、もっと力をつけて新しいことに熱心にチャレンジするはずだ」と、終身雇用制度の持つ弊害と、脱却の必要性を指摘しました。

ここで、企業の自律型キャリア支援の建前と本音についてまとめてみます。

表5を見てもらえばわかるように、大企業の多くは、「普通の仕事」をしてやりすごせば終身雇ってもらえるという発想の社員が、中年以降に〝年功序列〟で高い給料を貰いながら

その働きが給料に見合わないことに、うんざりしているのです。

もっとも、年功序列の給与システムは、給料〝後払い〟の意味合いが強く、若い働き盛りのときは給料が割安（つまり雇用者にとっては貰わなすぎ）で、その分、子どもの教育費などで一番出費の多い50代をピークに見据えた生活給として設計しているため、50代社員からしたら今の働きが給料に見合わなかろうが、以前の借りを返してもらっているだけというのが本音でしょう。

そういった側面から見れば、50歳を過ぎた大手の社員が会社にしがみつくのはある意味当然です。

ただし、いくら現状の業績はよくとも先が長すぎて、将来が保障されるとは限りません。

会社がなぜ〝自律型〟を求めているのか、よくよく考えるべきでしょう。

表5　企業の自律型キャリア支援の建前と本音

建前	本音
中高年向け「自律型キャリア支援」研修	余剰人材（フリーライダー）に辞めてもらいたい 役職定年者のやる気のなさをなんとかしたい CSR的、広報的に「うちもやっている」というアリバイ作り 「解雇自由」を原則としたい 雇用延長のシニアを使いこなせない現状に苛立っている
副業解禁	〈一部解禁企業の場合〉 いつまでも会社に乗っかられると困る 優秀な人材の確保およびリテンション（流出防止） 社員の自立 労働市場に一度さらされてこいという発破 転職へのお試し期間 メディア露出・PR効果を期待 〈多くの非解禁企業の場合〉 副業に浮気しないで、本業に専念してほしい 利益相反への懸念 副業先にそのまま転職されたくない 寝た子を起こしたくない
女性活躍 ダイバーシティ推進	生産性向上 就職人気ランキング、「なでしこ銘柄」対策 横並び（同業他社に負けたくない）
経営人材の育成	1～2割の選抜人材に集中投資したい 役員層の若返り
企業内大学、企業内講座の拡充	プレイングマネジャーの増加による仕事を教えられる人材の減少 人事予算の消化 余剰人材の底上げ
新卒部門別採用	地頭、コミュニケーション力に頼った採用の限界 日本型雇用の否定
イノベーション推進室の設置	「新しいことをやっています」のアリバイ作り 社長の思いつき 新規事業への焦り
オープンイノベーション	社員のモチベーションアップ CSR的、広報的に「うちもやっている」のアピール

第4章

100年人生を生き抜く働き方

クビになる準備はできているか？

有名大学の学位保有という名誉、就職後の固定化された地位……。以前、グーグルで人材開発のリーダーを務めていた、『ニューエリート』（大和書房）の著者でもあるピョートル・フェリクス・グジバチ氏は、こうした「旧エリート」の特性は、今急速に価値を失いつつあると指摘します。

モノを収穫していた生産経済の時代は肉体労働が主で、働く人には服従と勤勉が必要とされました。次のナレッジ・エコノミー（知識を基盤とした経済）の時代になると、専門性や知恵が求められるようになりました。ところが今やその専門性や知恵も、ＡＩによる代替が議論されています。

このような動きにより、人間のこれからの働き方のステージは、より創造性を問われる「クリエイティブ・エコノミー」の時代に入るといわれています。

だからこそ、グジバチ氏は「この時代に生きる人材は、ゼロから新しい価値を生み出す情熱、創造性、率先が必要になる」といい、そのことを踏まえて、今後のキャリアについて相談に来る相手にはいつも、こう問いかけるそうです。

Are you ready to get fired?——クビになる準備はできていますか?

つまり、たとえ今の職を失うといったショッキングなことが起きても変化を受け入れ、変わり続けることができる。常に次の可能性に備えることができる人材こそが、これからの時代の「ニューエリート」の条件だというのです。

重要なのは「今どこにいるか」という地位よりも、元いた場所と今いる場所に差があるこ

表6
旧エリートとニューエリート比較表

	旧エリート	ニューエリート
存在感	固定化された地位	持続的に成長する存在
学歴	有名大学・大学院卒	豊富な学習歴(何ができるか)
キャリア	有名会社(組織)に入り一生安泰	自分がやりたいこと、やるべきことを追求
資産	金融資産を保有	人間関係資本、変身資産(変化を恐れない力)が豊富
仕事ぶり	上からの指示、要件定義通りの仕事が早くて正確	新しい枠組みを作る
モチベーション	立身出世、名誉、ステータス	楽しいからやっている、他者貢献
消費	誇示的消費	ミニマリズム
仲間	同性、同窓などのエクスクルーシブなネットワーク	多様性に富む
服装	スーツ姿	wear something
主義	計画主義	学習主義
信条	勤勉	情熱
態度	服従	率先
夢	安定	ムーンショット
組織との関係	会社に仕える、依存する	会社をうまく活用する

と。生まれながらのエリートがいつまでもエリートで居続けられる時代ではなく、「持続的に成長できる人」こそがニューエリートなのです。

未来の子どもにも劣る存在に

立教大学の中原淳教授も、持続的に成長することこそ、人生100年時代を生き抜くサバイバル術だといいます。NewsPicksのインタビューでこう語りました。

「人がずっと同じような生活をしたり、生涯を通じて仕事をしたりすることが安定的でなくなった今、たとえ大人になったとしても学び続けない限り、『次世代の子ども』にも劣る存在に落ちてしまいます。つまり、学ぶことを放棄した大人は、次世代の子ども以下に『劣化』する。私たちは、そういう変化の激しい時代を生き抜かなくてはなりません」

古代社会は変化に乏しく非常に安定的で、時間がゆっくり流れていました。人は一生のうち1つの「出来上がった世界」にしか住んでいませんでした。そのため、子どもは一度「イニシエーション（通過儀礼）」を経験し大人になると、その後はずっと、大人は「大人でいること」ができました。

しかし、周知の通り、現在は「右肩上がりに技術や知識が進歩する」社会です。

このような世界においては、たとえば「A」という世界で独り立ちできる知識や経験を積み、「大人」になれたとしても、安泰ではありません。変化の早い社会ではいったん大人になっても、大人で居続けられるわけではないのです。

時代は常に斜め上方向に流れ、「B」という世界に移行してしまいます。時代が「A」から「B」に移れば、前時代の「大人A」は、もはや「大人」のままではいられません。前時代の「大人A」は次世代の「子どもB」と同じ立ち位置になってしまうのです。つまり、現在の大人は、何もしなければ「次世代の子ども」にも劣る存在に落ちてしまうのです。

5年先に使える知識は15%

実際、前時代の大人が次世代の子どもに逆転されている現象は、変化の激しい分野ではもはや常識になっています。

本書の原稿を書いている2018年5月末現在も、「乳がん見つける〝IoTブラジャー〟メキシコの19歳青年が開発」というニュースが話題となりました。

元オラクル幹部で、テスラなどでリーダー育成を手がけ、『ルーキー・スマート』（海と月社）などの著書があるリズ・ワイズマン氏も、NewsPicksの取材でこう語りました。

「科学的な情報の量は9カ月で2倍のペースで増え、1年間に30％のペースで時代遅れとなる。常に知識を更新し続けない限り、5年先に使える知識は15％しか残っていない恐れがあります」

そして知識の〝短命化〟が進み、新しい発見のペースが速まる一方の時代においては、「経験を積んだベテランこそが危険」と警告します。

過去の経験が致命的な間違いを呼ぶ

その理由は、中堅社員が持つ知識や経験は多くの面で時代遅れで既に役に立たないものが多く、過去の経験をもとに仕事をすると、致命的な間違いにつながりやすいからです。

これまでルーキーといえば、知識や経験不足により、ときにひどい間違いを起こすものというのが共通認識でした。

しかし、マルコム・グラッドウェル氏の『天才！　成功する人々の法則』（講談社）でも、メインパイロットが操縦する飛行機は、副操縦士が操縦する飛行機よりも間違いを犯しやすいという実例が紹介されています。

なぜかというと、副操縦士は往々にして機長よりも若いため、機長は副操縦士の間違いを指摘しやすいのに対し、その逆は難しいからです。

だからこそ、ワイズマン氏は「経験を積んだ人間」よりも、「学ぶ姿勢になっている人々」のほうが有利な立場にあると言うのです。

日本にも「プロ学生」現る

日本でも「即戦力」として、いきなり活躍するルーキーの存在が目立ってきました。これまで日本の新卒採用と言えば、人事がよく言うところの〝地頭〟とコミュニケーション力などいわゆるポテンシャルが買われて、採用後ＯＪＴで鍛えられるのが常でした（特に文系の場合）。

しかし、最近では学生時代に〝プロ〟さながらの実務経験を積み、中途採用者と変わらぬ、いやむしろそれ以上の能力を有する「プロ学生」が多数出現しています。

具体的には学生ベンチャーなどの起業経験、プログラミングやビジネス開発などの「稼げる技術」を持つ学生のことです。実際、そうした経験を買われて大手企業の夏季、冬季のインターンに声が掛かることも多々あります。

たとえば、私がかつて取材した「コミュニティデザイナー」と名乗る学生は、ある大学院をクライアントに「ゲノム編集」というテーマで専門家と若者をつなげるワークショップを企画したり、地域のオーケストラを「稼げるオーケストラ」にするため、小口の営業先を獲得するマーケティングプロモーションを請け負ったりしていました。

1つのプロジェクトを請け負った報酬は、数十万円から100万円。ともに仕事をした仲間への報酬や次のプロジェクトへの投資などに活用するため、全部が自分の手元に残るわけではありませんが、学費はもとより「生活に困らない程度の収入はある」とのことでした。

また、多くのワークショップを企画運営することを通じて、企業人や官僚、大学教員らといった人脈は自然と拡大し、就活もそのネットワークの延長線上で行っているといいます。

この彼のもとには、ソフトバンクやJTなどの大手企業の役員クラスから会食の誘いがひっきりなしに舞い込みます。今までの仕事の実績を説明すれば、先方はだいたい書類や1次をすっ飛ばし、2次や3次面接に上げると確約してくれたそうです。

クリエイティブ系やデジタル系の新卒の大半は「プロ学生」

また、電通などの広告会社のクリエイティブ職やデジタル職、リクルートなどのＩＴ職は、採用する新卒のほとんどが何らかの実務経験があるといいます。

最近の「プロ学生」はこれまでに作ったアプリや作品を持ち込んだり、その作品集ともいえる「ポートフォリオ」を持参してくるのが当たり前で、その人の入社後の活躍が格段に見えやすくなったそうです。

採用したプロ学生のなかには、1年目にしてシリコンバレーのグーグル本社に〝出向〟した事例もあるそうです。

電通に限らず、伝統的な企業の間では、一部の新卒の特別扱いに対する反対勢力も多いため、最近ではプロ学生など特A級の人材ばかりを集めた「エリート向け出島」を用意する傾向もあります。トヨタ自動車がシリコンバレーに置いた研究開発部門「Toyota Research Institute」、リクルートがシリコンバレーに持つ研究開発機関「Megagon Labs」（旧Recruit Institute of Technology）などがその典型でしょう。

このように新卒採用市場に、入社後即戦力となるスキルを持つ学生が現れたことで日本型新卒採用に風穴を開けることになり、今後は新人にも「実務力」が問われる時代になる可能性は大いにあります。

「ルーキー」に年齢は関係ない

さて、ルーキーが活躍する時代は、中途半端なベテランこそ危険だという、ワイズマン氏の論に話を戻しましょう。ここで注意しておきたいのが、ワイズマン氏が言うところの「ルーキー」に年齢は関係ないということです。

一口にルーキーと言っても、身の丈以上の仕事に挑み目覚ましい成果を出す新人もいれば、自分の専門を超えた新しいことに取り組む中年の幹部もいます。

ワイズマン氏がこれまで人材育成に携わり調査したところ、もっとも成果を上げた「ルーキー」とは、「これまでにやったことのない仕事に取りかかった、中堅どころのプロフェッショナルや脂の乗ってきたエグゼクティブ」だったといいます。

もっとも成果を出すのは、脂の乗った時期に挑戦する人

ワイズマン氏は、豊富な経験と実績があるにもかかわらず、いつでも「ルーキー・スマート」の感覚を呼び覚ますことのできる人を、「永遠のルーキー」と名付けました。では、持続的に成長し続けられるベテランの要諦とは何なのでしょうか。

一番大切なことは、「常に新しい仕事をし続けること」と言います。自分が門外漢の分野の仕事を意識し、挑戦してみることが有効で、その点、日本企業はジョブローテーションが盛んなため、国際的に見て新しい仕事に挑戦しやすい環境なのだそうです。

もっとも日本企業でも、最近では職種別採用が増え、最初から専門性を特定されている場合も多くあります。そういう場合は、「チーム内の仲間同士で仕事を入れ替えてみることが有効」だといいます。

実際、ワイズマン氏が勤めていたセールスフォースの技術文書チームでは、メンバーの「ルーキー・スマート」を呼び覚ますために、責任者と部下のテクニカルライターの仕事を交換する試みをしてみたそうです。すると、責任者は4時間かけてわずか4ページ分のマニュアル改訂作業しかできなかったそうです。これを境にこの責任者はシステム改善を最優先課題と位置づけ、そのための予算も通し、部下の仕事をより評価するようになったといいます。

一方、責任者と仕事を交換したライターはマネジャー会議で部内の効率化を提案し、これが評価されて数カ月後にマネジャーに昇進しました。このように仕事の交換は、双方に良い結果をもたらすことがあるのです。

コンフォートゾーンを抜け出す

表7にあるように、日々の仕事に忙殺されるのではなく、あえて日常業務と距離を置き、「考える日」を設けることも、実績を出している人がよくやる手段です。

以前、クラウド会計ソフトを製造販売するfreeeの佐々木大輔社長を取材したところ、佐々木氏は会社の経営について考え直すため、あるいは新しい知恵を学ぶために1カ月に1回程度、ホテルに大量の本を持ち込んで「一人合宿」をしていると言っていました。彼もまた、あえて考える時間を作ることで、「永遠のルーキー」の感覚を呼び覚ましていたのかもしれません。

表7　ルーキーらしさを取り戻すための方法

- ☐ 見知らぬ人と話し、視野を広げる。
- ☐ 手を真っ黒にし、現場を知る。
- ☐ 仕事を交換し、ほかの人の仕事を体験する。
- ☐ 「考える日」を設ける。
- ☐ 1週間の読書週間を設ける。
- ☐ インターネット断ちの期間を設ける。
- ☐ 異業種のシンポジウムなどに参加する。

出所：「ルーキー・スマート」

このように、「今の居心地の良さに甘んじず、まずは、コンフォートゾーンから抜け出してみること」こそが、「賞味期限が切れたベテラン」に陥らないための極意だと言います。

では、「コンフォートゾーン」から出て、新しい挑戦を始める時期と自覚する方法はあるのでしょうか。

それは「今の仕事が難なくこなせる時期こそチャンス」ということです。

表8　新しい試練が必要な人の10の兆候

以下の10項目のうち1つから2つに当てはまる人は、ルーキー・スマートを再点火すべき時期にきている。3つ以上に当てはまる人は、それに加えて新しい試練に臨むべきだ。

- ☐ すべてがスムーズに進んでいる。
- ☐ いつも高い評価を受けている。
- ☐ 大して頭を使わなくても成功できる。
- ☐ 結論がわかっているので、会議や打ち合わせの準備はしない。
- ☐ 新しいことを学ばない日がある。
- ☐ 忙しいのに、退屈を感じる。
- ☐ 朝、仕事にとりかかる気力を奮い起こすのに時間がかかる。
- ☐ 1年後も同じことをしていると思うと、うんざりする。
- ☐ いつの間にか思考がうしろ向きになっていて、自分でもその理由がわからない。
- ☐ ほかの人の問題を解決するために多くの時間を費やしている。

出所：『ルーキー・スマート』

新しい挑戦をするときには、今手にしている権利や地位や特典を手放すことになる場合もあり、躊躇しがちです。しかし、ワイズマン氏は、実は挑戦することこそが、仕事への満足感や幸福感につながると、次のように指摘します。

「私たちが、様々な業種の約1000人に対して、今取り組んでいる仕事の難易度（手ごわさ）と、仕事への満足度を聞いたところ、両者の間に強い相関があることがわかりました。結論を言うと、今の仕事が困難であればあるほど、満足度が高い傾向が見られたのです」

古い経験と知識を捨て去る「アンラーン」

そもそも学びには3種類あるといわれています。「Learn（ラーン：学ぶ）」「Un-Learn（アンラーン：脱学習、いったん捨てる、学習棄却、学び壊し）」「Re-Learn（リラーン：学び直す）」です。

なかでも既に教育機関や実務経験で十分な学習を経てきた大人にとって大切なのは、「Un-Learn（アンラーン）」「Re-Learn（リラーン）」の2つです。「Re-Learn」の重要性は第5章で詳述するとして、ここではなぜ大人にとって「Un-Learn」が必要なのかについて、触れたいと思います。

繰り返しになりますが、知識が短命化している時代には、過去の経験にすがるのではなく、新しい情報や知識を学習し、そのサイクルを速めることが必須です。そして、新しい技能を身につけるためには、過去に学んだことの多くを忘れてしまわなくてはならない局面も大いにあります。

たとえば人事の人が、これまではあらゆる人材エージェントやナビサイトに満遍なく予算を配置し、大学に広報することで、それなりに優秀な人材を獲得できたとします。この人にとって、人材エージェントのコンサルタントや各大学の窓口、ナビサイト運営会社の営業などとうまくコミュニケーションすることが、能力の証明であり、1つの成功体験だったかもしれません。

しかし、人材採用サービスもIndeedのようなクローリング型のシステムなど新技術が登場し、それを使いこなすことが求められるようになりました。あるいは会社がデータサイエンティスト人材といった特殊な技能を持つ人を採用する際には、会社側から彼らが集う場にアクセスし、自社で働くメリットを感じ取ってもらうことが採用戦略の肝になります。つまり、彼らにこれまでの採用手法は一切通用しません。

するとこの人事の人の試金石は、そこで過去の〝勝ちパターン〟にすがりつくのではなく、むしろ過去のやり方を忘れ去り（＝アンラーン）、いまだかつてない採用チャネルの開拓など、新しいチャレンジをすることになります。

テクノロジーの進化が激しく、ビジネスがグローバルで展開される時代の現在において、このようなアンラーンが必要な局面は、ますます増えていくでしょう。

あのドラッカーも、「知識をラーン（学習）し、リラーン（再学習）し、アンラーン（脱学習）することが知識管理の大前提である」と明言しています。

もっとも、上司に対して強すぎる敬意が払われる日本企業においては、組織が共有してきた成功体験を迂闊に否定すると、居心地が悪くなることもあります。

個人がアンラーンによる学習効果を得るためには、失敗を許容する組織風土や、異なる意見を受容する管理職の存在なども欠かせないのです。

働きと学びを統合する

今後求められる人材像が変われば、人材を育成する学校教育やリカレント教育（大人の学び直し）、そして「学び」という概念そのものも変わる必要があります。人生１００年時代ともなれば、個人の転機の到来はこれまで以上に頻繁になり、一生を通じて変化を繰り返すことになるでしょう。

リクルートワークス研究所主任研究員の辰巳哲子氏は、「その結果、働くことと学ぶこと、生活することは統合される」と言います。

学びはこれまでのように決められた場所や方法で「蓄積する」のではなく、自由なタイミングで「創り出し」「発信すること」を意味するようになるというのです。

ワーク〝アズ〟ライフの時代

筑波大学学長補佐の落合陽一氏は、もはや「ワーク・ライフ・バランスなど、クソ食らえ！」とし、「ワークとライフが一体化する時代」を早くも予言しています。

リカレント教育（大人の学び直し）や柔軟な働き方を審議する「我が国産業における人材力強化に向けた研究会」で、落合氏は「今の時代、仕事と余暇を切り分けるなんてことは崩壊している。これからはワーク〝アズ〟ライフの時代」と宣言しました。

自分の時間を切り売りし報酬に換えるワーク〝フォー〟ライフから、ワーク〝アズ〟ライフへ——。

ワーク〝アズ〟ライフの定義とは、落合氏の著書『超ＡＩ時代の生存戦略』（大和書房）によると、「差別化した人生価値を仕事と仕事以外の両方で生み出し続ける」ことです。

それを実現するためには、「自分の中で価値創出のポートフォリオ・マネジメントができること」が重要で、その価値を生み出すために、サイエンス、アート、エンジニアリング、デザインの教育の拡充が急務だ、と提言するのです。

新規事業が稼ぎ頭に

「いまだかつてない新しいこと」が求められるのは個人だけではなく、会社も同じです。

現在、企業全体の売上高のなかで、新規事業の稼ぎが占める割合が増えているということは、その証左といえるでしょう。

デロイトトーマツコンサルティングが２０１３年から２０１６年に公表したデータによると、企業の売上高に占める「新規事業」の割合は、２０１３年は６・６％だったのに対し、２０１６年は14・１％と倍以上になっています。また、昨今の技術革新やサービス寿命の短さを考え合わせると、「新規事業」のサイクルも、ますます速くなっていくと推察されます。

このことからも、「新しい事業」に対応した能力を大人たちが身につけていかなくてはならないのは明らかでしょう。

図9　人材育成投資（OJT以外）/GDP比率の国際比較（%）

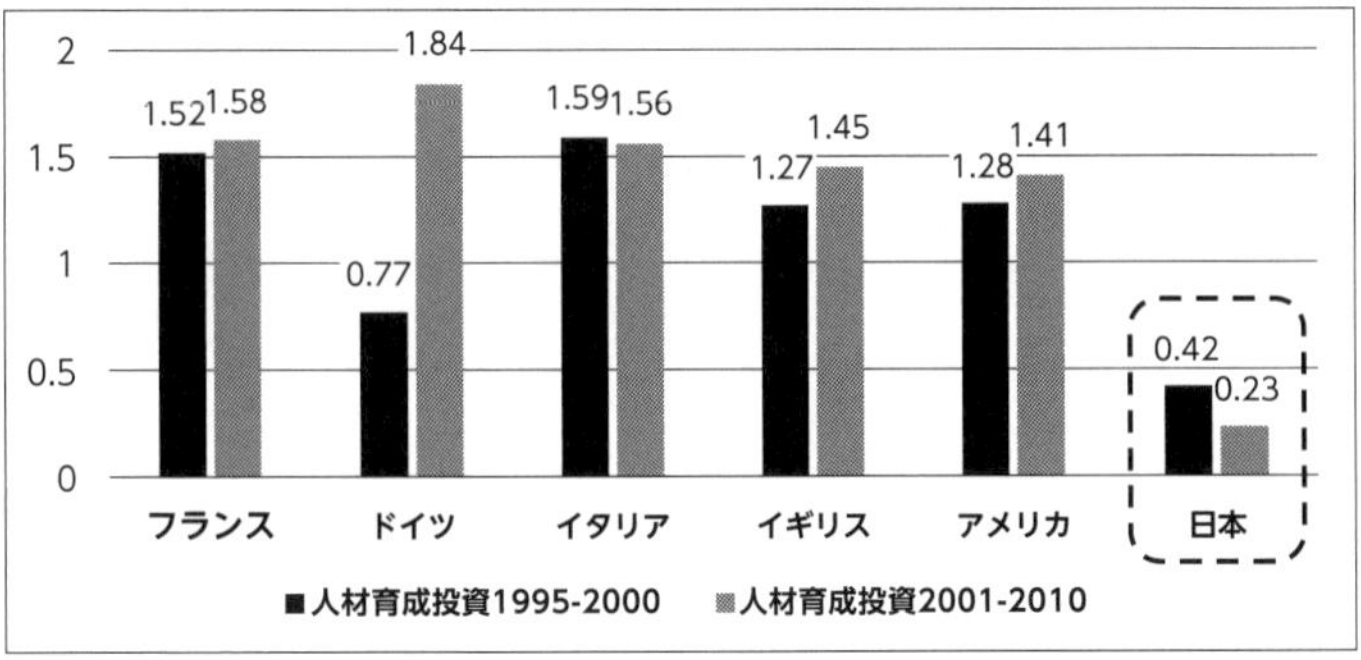

「30代のモヤモヤ病」の理由

ところが、前出・立教大学教授の中原淳氏は、日本企業の人材開発に対する投資は「入社1年目に集中しており、2年目からは急激に〝放牧体制〟に入り、ノー・ケア、ノー・フィードバック状態になることが問題」と、NewsPicksの取材で指摘しています。

図9を見てください。OJT以外の社内トレーニングの予算とGDPの比率を国際比較したところ、日本の人材育成投資は最下位。しかも、90年代に比べて、その比率は下がっています。このような社内トレーニングの薄さこそ、日本の生産性の低さの原因と指摘する識者が多いのも納得できます。

このように、社内の人材育成が手薄な結果、体系化されたノウハウや知識を学ばず、「場当たり的」に仕事を重ねてきてしまうと、スキル不足という事態に陥りやすい。そしてそれが入社数年たって仕事を一通り覚えたときに、「モヤモヤ病」を発症させるのです。

この「30代のモヤモヤ病」は、28歳から30歳くらいの踊り場に来た若手ビジネスパーソンが、自分の成長が止まっているのではないか、この先30年もこんな人生を歩むのか、社外で通用しない人材になっていないか、といった不安にとりつかれる状態を指します。

もっとも、企業が社員の能力開発を全面的に負うべき時代でもありません。企業が人材教育の機会を洗練させていけばいくほど、そこに「寄りかかる個人」は増えていきます。

学び＝振り返り

では、自身の能力開発につながる働き方とはどのようなものなのでしょうか。その基本は「学びとなる経験の総量を増やし、今の自分を振り返ること」です。

たとえば手前味噌で恐縮ですが、私はNewsPicks入社前は紙媒体を中心に記事作りをしてきたため、NewsPicksに入ってはじめて「スマートフォンに最適化したコンテンツの作り方」を学び、実践してきました（まだまだ、道半ばですが……）。

その上、「PV（ページビュー）や自分の記事に課金してくださったユーザー数が即日可視化される世界」で仕事をすることになりました。

するとこういうやり方はダメなのだとか、このやり方は時代遅れかもしれないといった「何らかの気づき」を得ます。コメント欄を介して、ユーザーからの評価や反響も即座に返ってくるので、それにより今の自分の弱点が浮き彫りになり、次回に向けて問題解決のアイデアが浮かんできます。

このような「新しい経験から何らかのフィードバックを得て、知識や技術を血肉化していくこと」こそが、「能力開発に直結する働き方」と前出の中原氏は言います。

反対に大人が一番学べない、すなわち成長しない状態とはフィードバックが得られず、いきおい、自分を振り返ることができない状態です。

103ページの「ルーキー・スマート」を呼び覚ます時期を自己診断するチェックシート同様に、最近、周囲の人が自分の発言にやたらと頷く、上司にダメ出しされなくなったなど「まったり」した状態が続いたら、〝劣化まっしぐら〟だと思ってください。こうした自覚症状が出たら、意識的に「経験総量」を増やす準備をしたほうがいいでしょう。

〝楽屋芸人〟で終わっていいのか

また、自身の能力開発につながる働き方の1つとして、「様々な舞台に上がること」は有効です。

基本的に人は観客の「まなざし」に晒されたときにこそ成長するからです。

ただし、ここで言う舞台とは、厳しい〝観客〟の目を介して、良いにせよ悪いにせよダイレクトな〝フィードバック〟が返ってくる仕事の場面、という意味です。

本当は誰しも、「あれがこれでそれでさ……」で話が通じるような文脈を共有できる仲間と仕事をし、自分の居場所を保っているほうが、圧倒的に心地良いものです。

しかし、それでは、いつまでたっても〝楽屋芸人〟レベルの枠を超えることはできません（ちなみに私も〝いつもの仲間〟といるのが居心地が良く、セミナー登壇などすると緊張のあまり日頃の持ち味が出ず、よく〝楽屋芸人〟と揶揄されています）。

だからこそ、厳しい評論家や芸にうるさ型の観客が見る舞台に思い切って上がってみるのです。

たとえば、社内横断型の業務改善や新規事業の開発プロジェクトに参加して、他部門の人のまなざしに晒されてみる。あるいは、リクルーターとして採用プロジェクトに関わってみる。今の時期にリクルーターになることは、会社に対して厳しい目を持つ学生のクールなまなざしに触れることになり、何らかの気づきを得るに違いありません。ちなみに私も〝楽屋芸人〟を脱するべく、苦手なセミナー登壇や、ラジオ・テレビ出演なども徐々にするようになり、少しずつではありますが、表現力がマシになりつつあります。

ちなみに、広告代理店のクリエイター（広告の制作者、コピーライターなど）や出版社の編集者や記者も、少し前までは職人的に技能を極めた人が評価されてきました。が、今ではそれだけでは、広告も本も注目されない場合が多いことから、SNSの配信が得意である、セミナーやワークショップなどで立体的にテーマを伝えるなど、「作品を作る」こと以上に「現象を起こす」ことが求められつつあります。そうなるとおのずと、日頃とは別の舞台に立たねばなりません。

とはいえ、もちろん、即興で完璧な芝居ができる役者などそうはいないように、舞台に立つからには役作りや台本を覚えたり、リハーサルをしたりする必要があります。つまり、〝いい芝居〟をする前には事前に取材しておく、シミュレーションするなど猛烈なインプットが必要で、これ自体もまた、大きな学びにつながります。

専門と新しい「何か」の掛け算

では、ビジネスパーソンが上がるべき舞台とはどのようなものなのでしょうか。その1つは、「他流試合」に出場することです。

たとえば、あえて専門分野とは異なる分野の講演会や勉強会に行ってみる。自分の専門と新しい「何か」を掛け算したら面白いかもと着想してみるのです。

ちなみに前出の中原氏の場合、専門の人材開発の枠を超え、医療や看護の学会に参加することがよくあるといいます。

医者でも看護師でもないのに、医療系の学会に参加すると、あからさまに「あの人、なんで来たの?」という顔をされ、アウェー感はひとしおだそうです。そのため、「自分で予約したにもかかわらず、その日が近づくと憂鬱になる」ほどだといいます。

それでも〝意に反して〟畑違いの学会に行くのは、居心地の良くない場所にこそ、新たな知識や研究のヒント、自分のオリジナリティが眠っていることを知っているからです。

「痛み」を感じたときに成長する

自分をアウェーな状況に追い込むことは、ときには恥をかくことでもあり、ある意味「痛み」を味わうことでもあります。しかしフィードバックとは、「耳に痛いことを聞いて、自分を立て直すこと」が本来の意味です。

その点、昨今はビジネスパーソンが「他流試合」できる仕組みが、多数登場しています。本業の会社にいながらにして、あるいは一時休職して、ベンチャーで武者修行する「大人のインターン」。あるいは最近、一部大手も認めつつある、副業・兼業。

とくに副業は「仕事」というアウトプットです。よって、クライアント側からしたら、それをやる人がどこの会社に勤めているかなどは知ったことではありません。つまり、求められるのは成果だけ。そうなると、副業者はおのずと副業をする上で勉強というインプットをせざるを得ませんから、自分を追い込むという意味でも、有効な学びになります。

ワンランク上の人と付き合う

また、ビジネスパーソンが是非挑むべき「舞台」として、勉強会を主宰してみる、あるいはその事務局の一員になることも貴重なフィードバックを得る機会になります。

勉強会では講師として、だいたいその専門分野の一流の人に登壇をお願いするものです。すると、普段は出会えない自分よりワンランク上の人と出会えるようになります。

自分で鍛えた専門性を持つ人にその専門の内容を聞くことは、普段では得難いインプットにもなります。さらに、そこで相手にちょっと気の利いたことを言い、「お、こいつなかなか違うね」と思われたらめっけもの。永続的な付き合いをしてくれるようになれば、豊富な人脈の1つになります。

勉強会の主宰者になれば、その参加者から感謝されるという副産物もついてきます。前述した「プロ学生」など、自分とは年齢差のある人と出会うきっかけにもなります。

年齢や仕事内容、専門などがまるで異なる相手と出会い、親交を深めることで、自分がかつて常識だと思っていたことが、他の人には通用しないなどといったことに気付かされ、自身の習慣を「アンラーン」する機会にもつながる上、同僚など〟いつもの面々〟からは得られない情報収集にもつながります。

ちなみにNewsPicks編集部では、学生インターンを受け入れているのですが、私は彼らがＮＰを卒業後も変わらぬ付き合いを続けています。一番の理由は、彼らと話していると、同世代からは得られない情報が得られ、単純に楽しいからです。第二に、世代の違う彼らの視点というフィルターを介することで、自分の現在の弱点が浮かび上がってきて、次なる課題を発見できるからです。

オジサン同士で戯れるな

そもそも、日本のオジサンは、「世界一孤独」といわれています。

ＯＥＣＤの２００５年の調査によると、「友人や同僚もしくはほかの人々と時間を過ごすことのない人」の割合は日本の男性が16・７％と、21カ国の男性中もっとも高いことが判明したのです。

その理由としては、生涯未婚率が２０３０年には29・５％にまで上昇すると見られているほど、生涯を独身で過ごす男性が増えていることも挙げられますが、とりわけ日本のオジサンの人間関係で目立つのが「ソーシャル・キャピタル」の欠落です。

ソーシャル・キャピタルとは、ボランティアや地域活動への参加などといった社会や地域における人々の信頼関係や結びつきを表す概念で、人間関係の豊かさを示す指標として近年、注目されています。

近所付き合い、知人や同僚との付き合い、スポーツなどを介したネットワーク。イギリスのレガタム研究所の２０１７年版のランキングによると、こうした交流が日本の場合、全世界１４９カ国中、１０１位と際立って低いのです。

日本の高齢単身世帯に尋ねた調査でも、「親しい近所付き合いはしていない」と答えた人は女性が39・1％なのに対し、男性は半数以上の63・9％にも上りました。

このような統計から、「世界一孤独」といっても過言ではない日本のオジサンの寂しい境遇が浮かび上がってきます。

しかし、孤独を放置しているのは危険で、『世界一孤独な日本のオジサン』（ＫＡＤＯＫＡＷＡ）の著者岡本純子氏によると、①1日たばこを15本を吸う、②アルコール依存症である、③運動をしない、④肥満と同等、あるいはそれ以上に、孤独は健康に悪いという研究結果も出ているそうです。

家族や会社の同僚以外との接点があまりないという人は、定年になり社会との断絶が本格化する前に、多様な「ソーシャル・キャピタル」を得ていたいものです。

「副業1・0」から「副業2・0」へ

自身の能力開発をする、会社の同僚以外のソーシャル・キャピタルを得る上でも、副業は有効なアプローチになります。モデル就業規則において原則、副業がOKになり、大手企業でも社員の副業を認める会社が登場し始めたことで、ここへ来て、副業・兼業に関心が高いビジネスパーソンは増えています。

もっとも、かつては副業といえば、会社に隠れて副収入を稼ぐといった後ろ暗さがありました。あるいは、弁護士や会計士が企業の顧問や相談役を務めるなど、名誉職に近いイメージでした。

実際、副業を行う人は、図10のように、「年収1000万円以上層」と、「年収100万円未満層」が圧倒的に多勢でした。しかし、最近は意欲的なビジネスパーソ

図10　本業の所得階層別に見た雇用者の総数に対する副業を持っている人の割合

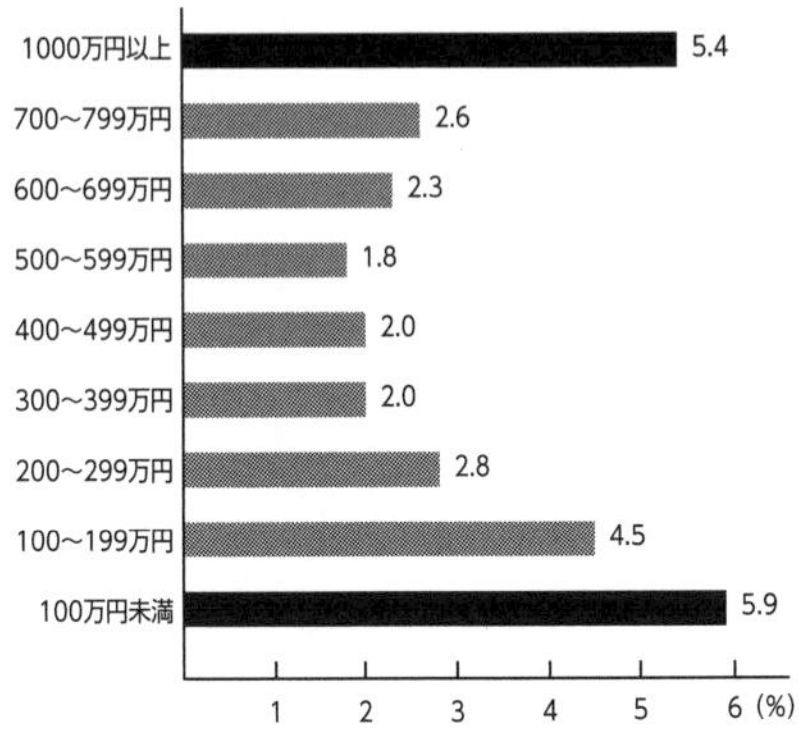

出所：「副業・兼業の現状と課題」厚生労働省（2017年）

ンの間で、副業・兼業を報酬目当てではなく、自身のスキル向上や、やりたいことを実現するための機会として捉える人が増えています。

かつての副収入を得る目的、あるいは名誉職的な副業を「副業1・0」とするなら、自己実現や能力向上のために行う「副業2・0」が定着しつつあるといえます。

経済産業省の産業人材政策室室長補佐で弁護士の白石紘一氏は、「副業2・0」が広がり

表9　副業1.0から副業2.0の時代へ

	副業1.0		副業2.0
プレーヤー	お小遣いを稼ぎたい人 会社の将来が不安な人	既に上がった人の名誉職	情熱のある人
内容	時間を切り売りする仕事	名前貸し、過去の経験からのアドバイス、人の紹介	本業同様に心血を注げる仕事、社会（地域）貢献できること、仲間の役に立つ仕事
応募経路	求人広告、家の近所	知人のツテ	知人のツテ、各種副業支援ネットサービス（アプリ等）の活用
本業との関わり	会社には秘密	業務よりも個人的な人脈	会社は社員の副業を許可、上司・同僚からの理解、本業と副業の明確な区別なし、仕事間の相乗効果あり
メリット	収入アップ、リスク管理	収入アップ、ハクがつく	コミュニティが増える、自身の能力のリフレクション（振り返り）になる、能力が伸びる
デメリット	疲労により本業に支障をきたす	人からの嫉妬	疲労する、上司・同僚の理解が必要

を見せる背景について、次の3つを挙げます。

1. 副業を解禁する企業が増えつつある。
2. 副業などパラレルワークをやりたい人が増加している。
3. 仕事をパラレルワーカーに発注する企業が出始めている。

実際、社員の副業を認める企業は増えています。

以前から副業しやすい職種の代表格であるエンジニアを多く抱えるIT企業では、優秀な社員の採用や流出防止のため、副業・兼業を認める傾向でしたが、最近ではコニカミノルタや新生銀行など大手企業でも解禁の動きが見られます。

新生銀行が副業を解禁した理由

他業界に比べて、守秘義務や顧客情報漏洩防止の観点から、副業・兼業はハードルが高いとされる大手銀行業界。そのなかで、新生銀行が2018年4月から全社員を対象に副業・兼業の全面解禁に踏み切ったことは大きな話題になりました。

執行役員人事部長の林貴子氏はNewsPicksの取材で、その狙いを次のように説明します。

「周知の通り、終身雇用にはもう限界が来ています。今後、銀行はフィンテックの流れもあり、同じ数の社員を雇っていける保証はありませんし、必要な人材像も変わっていきます。そういった変化に対応するためには、会社側にも、社員個人の側にも、働くことの選択の自由がなければいけません。他社で獲得した知見を新生銀行での本業に還元することで、新たなイノベーションを生む効果も期待できます」

副業を解禁する会社の本音を第3章で記した通り、銀行が「終身雇用にはもう限界が来ている」と認めてしまっていることが極めて印象的でした。

利益相反のリスクがある金融業界の仕事でなければ、他社に業務委託として雇用されることも認める方針だといいます。そして今後は、他社に本業を持つパラレルワーカーの「副業の受け皿」になることも視野に入れているそうです。

既存の銀行業を超え、広い意味での金融業に脱皮するには社員の多様性が何よりも重要として、新生銀行にない能力を持つ人が週数回、または月数回、新生銀行で副業をすることも歓迎する方針だそうです。

副業は〝変身〟に有効

第1章で書いたように、『ライフ・シフト』の著者でロンドン・ビジネス・スクールの教授であるリンダ・グラットン氏は、人生100年時代を生き抜く上でもっとも重要な資産は「変身資産（新しい挑戦を厭わず、自らが変わる準備ができていること）」だと語りました。

そして2018年4月の来日時、グラットン氏はNewsPicksの取材で、「副業を含めたポートフォリオワークは、〝変身〟する上で極めて有効だ」とも語りました。

これまで、働く人がキャリアを創る上でもっとも簡単なオプション（選択肢）は、現状を維持することでした。しかし先が見えにくく、変化が激しい今の時代は、現状維持では結局、5～6年で行き詰まってしまいます。

だからこそ、働く人は常に自分の能力は今、伸びているかを振り返る必要があり、副業・兼業をすることはリフレクション（自己の振り返り）の効果もあるというのです。

ちなみに米国では、「雇用関係のある主たる仕事を持ちつつ、他の収入源を持つ者」が28%、「雇用関係を持ちつつ、アルバイトなど副次的な収入源を持つ者」が25%います（「Freelancing in America 2016」）。

1つの会社に奉公するリスク

ドラッカーはかつて、副業・兼業社会を見据えてこう語っています。

〝歴史的に見て、30年以上繁栄した企業はあまりない。（中略）ほとんどの企業が、繁栄の後に低迷期をむかえる。再起して、再び成長する企業は少ない〟（『プロフェッショナルの条件』／ダイヤモンド社）

〝確信を持って言えることは、ビジネス、教育、医療その他いかなる分野であれ、今日リーダーの地位にある組織の多くが、これからの30年を生き延びられず、少なくとも今日の姿では生き延びられないということである〟（『明日を支配するもの』／ダイヤモンド社）

また、スイスの経済学者で世界経済フォーラムの主宰者であるクラウス・シュワブ氏も、副業社会の到来を〝「ヒューマンクラウド」を活用する経営者が増えている。新たなオンデマンド経済で、労働の提供者は、もはや従来の意味での「従業員」ではなく、特定業務を遂行する「個人労働者」となる〟（『第四次産業革命　ダボス会議が予測する未来』／日本経済新聞出版社）と示唆しています。

産業構造が目まぐるしく変わる時代においては、市場で必要となるスキルも頻繁に変わっていきます。さらに、予想以上に長生きする可能性もある時代において、1つの会社に奉公し、その会社でしか通用しないスキルのみ保有することは、リスクとなりつつあります。

そこへいくと、副業・兼業は、ビジネスパーソンが他社に持ち運び可能なポータブルスキルを鍛える、格好の機会となります。

副業の様々な課題

副業・兼業が注目され、「パラレルワーカー」といった言葉が一般化してきたとはいえ、副業するのが当たり前の米国と違い、日本でビジネスパーソンが副業するにはまだまだ課題もあります。

そもそも日本の企業体質として、従業員の仕事に明確なジョブディスクリプション（職務範囲の設定）がないので、業務を切り出してアウトソースすること自体、苦手です。そのため、外部の副業者に仕事を任せにくいという側面もあります。

つまり、副業したい人は増えても、魅力的な副業を得られないという事態もありうるのです。

また、前出の経済産業省の白石氏は次のような問題があると指摘します。

「1つは労働時間の問題。法的に、勤務時間外の労働時間や労災については本業の会社と雇用者が結ぶ雇用労働契約の管轄外となりますが、各社、雇用者の労働時間を削減するなか、勤務時間外に副業されると、社員の健康管理がしにくいという声が多く出ています。2つ目に、本業に支障が出るという懸念です。多くの日本企業はフルコミットする人材を求めるため、他社で仕事をするくらいなら本業に専念してほしいというのが本音です」

産業医の大室正志氏も、パラレルワーカーは扱いづらいケースの1つだといいます。

「本業に専念する人の業務量が多すぎる場合は、産業医の指導のもと、その人のストレスを軽減するために、人事や上役が業務量を調整します。しかし、副業している人の副業による負荷部分は、会社的にも産業医としても『安全配慮義務』の範囲外となり、彼らのトータルの業務量をコントロールすることはできません。そのため今、産業医の間ではパラレルワーカーの心身の不調が問題視されています。たとえば、今までは週5日本業に専念していた人が、週に2日間、副業をするとします。そこで、かなりの業務量が発生し、睡眠時間を削られて、体に不調をきたしてしまった場合、その責任範囲は、どこに生じるのかということが不明瞭なのです」

いきなりパンクしてしまうパラレルワーカーの事例でよく見られるのが、ＰＲやマーケティングなどの専門性を持つ人が、その成功パターンを求められるケースです。こういった仕事は当初約束したほどの成果が出せなかった場合、クレームにつながり、それが次第にパラレルワーカーを追い詰めることがあります。

さらに最近見受けられるのが、大企業に勤めている人が副業としてベンチャーの運営の手伝いをするケース。大企業にいる人からしたら、ベンチャーの経営の一翼を担うのは面白そうに見えて始めるものの、インフラが未整備ゆえ、思ったように仕事が進まず、次第におっくうになり、結局、先方への返信が滞りがちになり、信頼を失う……といった事例が実際に発生しているそうです。

嫉妬で足をすくわれる

その上、副業で忙しくしている人は、なぜか本業の社内の人に疎まれがちです。特にこうしたベンチャーの手伝いなどの副業を発展させることで、起業やベンチャー参画を考えているパターンは、もっとも人からの嫉妬を買いやすいものです。こうなると、本業が少しでも疎かになると、周囲から「それ見たことか」と一斉に攻撃される危険性さえあります。

では、どうすればパラレルワーカーは心身を守れるのでしょうか？

副業で心身を病まない方法

大室氏は以下の5つの方法があると言います。

1つは、本業と関連性がある副業を選ぶこと。この典型例はアナウンサーの結婚式の司会であり、勤務医が週末クリニックでアルバイト医師をするパターン。つまりは、切り出しやすい自分の専門性を売る、手離れがよい仕事です。

2つ目は、副業を思い切り趣味の世界に落とし込むパターン。たとえば趣味でオオクワガタを飼育している人が、ネットでその幼虫を売る。あるいは、ワインに詳しい人が副業支援ツールなどを介して、ワイン講座を開いて講師をする。こうした趣味の延長線上にある副業は、精神的な負担にならない上、周囲からの嫉妬も買いにくいです。

3つ目は、スケジュールを詰め込みすぎず、余白を残すということ。副業をし始めの人、フリーランスになりたての人によくあるのが、仕事を依頼されることが嬉しくて、スケジュール帳を真っ黒にしてしまい、その結果、収拾がつかなくなって失踪してしまうケース。これを防ぐためには、仕事量を「あともう少しできる」と言える程度に止めておくことがポイントでしょう。

4つ目は、副業していることを周囲に徹底的に隠すこと。あまり前向きとは言えませんが、副業が成功していると表に出さえしなければ、周囲の人からの嫉妬を買うことはないからです。ただこの場合、SNSなどで副業現場が露見しない、噂にもならないなど周到な情報管理をすることに加えて、本業で一定の成果を出すといったスキのなさを発揮できることが前提になります。

そして最後の5つ目は、自らのキャラを「奇人枠」に入れてしまうこと。人間は基本的に、自分と年齢、性別、職業など、重なる部分が多ければ多いほど嫉妬するという特性がありま す。しかし、たとえばTBSのニュース番組『サンデー・ジャポン』におけるデーブ・スペクターのように、「外国人枠」「奇人枠」としてポジション取りしてしまうと、妬みや嫉みの対象になりにくい。よって、自ら「自分はサラリーマン失格だ」とわざと自虐するなどして、周囲の人と重なり合う部分を減らしていくことも、パラレルワーカーの1つのサバイバル戦略になります。

副業をフックに独立・起業しようとすることは、会社から守ってもらえるサラリーマンと違い、身体が資本のシビアな世界に突入していくということと同義です。自分にとって一番大切な心身の健康という資産をみすみす失うのは、実は一番のリスクだということは肝に銘じておいたほうがいいでしょう。

「副業2・0」という働き方

ここでは実際に、前述のようなリスクを回避し、副業を自身の能力や知見の向上につなげている3人のビジネスパーソンをご紹介します。

まず1人目に、〝今の会社の仕事も続けたいが、別の会社で新たな挑戦をしてみたい〟という考えのもと、転職の形を取らずに両社とも正社員で雇われるという離れ業を実現した、蓑口恵美氏の働き方を見てみましょう。

蓑口氏は富山県南砺市の農家の出身。「本当は地元で暮らしたいという気持ちを抱えていたものの、やりたい仕事や刺激をもらえる仲間は東京にいる」と思い至り、東京にあるクラウドソーシング事業を行うランサーズに3年前に就職。クラウドソーシングの仕組みを使えば、地元にいながらにして生計を立てられる人が増えるとの思いから、「地方創生を手がける」条件で入社しました。

自治体の年間事業として職業訓練を行う取り組みを提案し、最初に鹿児島県奄美市の予算を獲得。この成功により、3年間で22都市と提携しました。

「3日に1回は出張で、3カ月間で56都市を回ったこともある」ほど仕事にのめり込んでいましたが、地方を回るうち、ランサーズでは解決できない2つの課題に直面したといいます。

1つは、一企業、ましてやランサーズのようなベンチャーの場合、霞が関の官庁など行政の支援を得にくいという問題です。

2つ目は、地方にはクラウドソーシング以外にも、広めるべきシェアの仕組みがあるのではないかということです。

「地方には医療や公共交通も、現状のままでは維持できない地域がたくさんあります。そこにライドシェアや箱物のシェアなどが広まれば、経済効果も生まれ、解決する課題も多いのではないかと考えました」

この2つの課題に挑むために進んだ道が、SNS事業を営むガイアックスが運営するシェアリングエコノミー協会に参加することでした。

「W正社員」という働き方

しかし、蓑口氏はどうしてもランサーズを辞めたくなかったといいます。

クラウドソーシング事業の当事者は、地元の住民と対話し、彼らのリアルな仕事観や価値観に触れることで地域特有の課題を掘り起こすことができます。協会にいるだけでは、この現場経験は得られません。そこで蓑口氏は両社に、「W正社員」として働かせてほしいと願い出ました。

「日本では本来、謙虚が美徳とされますが、私は会社にこんな価値を提供できるから、2社で働くチャレンジをさせてほしいとはっきりと訴えました」

業務委託ではなく「正社員」の立場にこだわったのは、仕事に責任を持ちたかったのと、経営情報など正社員にしかアクセスできない情報があるからでした。ただ当然のことながら、両社ともにフルタイムでは働けません。そこで、「働いた時間に応じて給料を調整してもらうことにした」といいます。

疲れとストレス問題

ただし蓑口氏の働き方は、健康保険や年金、出退勤の管理、情報共有、突発的な業務依頼などで労務や同僚に多大な負担をかけます。こんな働き方が容認されたのは、両社とも蓑口氏を「余人をもって代え難い人物」と判断したからこそでしょう。

実際、W正社員を始めたばかりの２０１７年８月直後は、蓑口氏も同僚も大変だったといいます。

「両社で働き始めた最初の３カ月は純粋に仕事量が２倍になってしまい、ダブルブッキングが多発し、それによる疲れとストレスで口内炎やニキビが止まりませんでした」

そこで、蓑口氏は３つの戦略を立て、実行していきました。

１つは、両社の上司と面談する機会を増やすこと。

「ＫＰＩ（重要業績評価指標）を週単位で書き出し、それを毎週上司に見てもらい、会社の期待値と自分の仕事の進捗のズレがないかを密に確認することにしました」

つまりは、期待値コントロールです。これにより上司との齟齬が減り、ストレスが段違いに軽減したそうです。

２つ目に、自身の仕事の「振り返り」を徹底しました。

「『スタープランナー』という野球少年が自身の目標を達成するための手帳を購入し、ここに、毎月の目標や、良かったことや悪かったことを書き出していき、それを１日３回見る時間を作るようにしました」

一見仕事を増やしているようにも見えますが、それがまるで逆で、「振り返りの効果は絶大だった」と話します。

「手帳には『無茶な仕事を振られてもその人の人柄を知れば、その依頼の意味がわかる』といったことまで書いています。こうした気づきを逐一書き、毎日小さな改善をすることが一番生産性の向上につながると実感しました」

3つ目に、テクノロジーを駆使することを心がけました。

「書くスピードが遅いと思ったら音声入力に切り替え、そのデータを即時に『エバーノート』に保存するアプリを活用するなど、効率の上がる工夫は何でも挑戦しました」

こうした試行錯誤の結果、今では「W正社員」のシナジーを実感しているといいます。

「政府の企画や予算を早めに把握できる一方で、今、この地域はこういうことに困っているといった現場の声もわかる。両者の橋渡しができていると感じています。何より、若者が都会に流出してしまう地域に雇用を作り出す仕事は、天職だと思っています」

大企業人事担当、人気講師になる

2人目に、大手飲料メーカーで、生産性向上などの人事業務を担当する森新氏を紹介します。彼は本業の経験から得たある知見と特技を活かした副業を週2回行っています。その中身とは、「メールソフト『アウトルック』の使い方」講座の講師です。

エクセルやパワーポイントの講座は世にあまた存在しますが、アウトルックの講座の存在は聞いたことがありません。が、森氏はビジネスパーソンのニーズを見込み、２０１８年２月に、「ストアカ」という講師になりたい人と受講したい人をマッチングするサービスを活用して、講座を開講しました。これが今、同じ講座を３回も受ける人が出るほど人気を博しています。

なぜメールソフトの使い方を教えるという、ありそうでなかった意外な副業を思いついたのか。その背景には、こんなストーリーがありました。

「社内に『働き方改革』を広めるうちに、自分はなんと無策なんだと思い知りました。『早く帰ろう』と言うだけなら誰でもできるだろうと。そこで、社員が残業しないで済む最大公約数的な施策はないかと考えました」

皆が手間取っている業務は何か――。その正体を探るため、森氏は会社中を歩き回りました。

「てっきり社員の仕事はエクセルがメインだと思い込んでいました。ところが実際の仕事風景を見てみると、アウトルックにかなりの時間を費やしていたのです」

そこで定量的な調査に乗り出し、社員のログを解析すると、森氏の読み通り、従業員の全業務のうち、アウトルックの作業をする時間が35・４％とダントツで高いことがわかったのです。

とりわけ社員が手間取っていたのが、メールを整理したり、削除したり、あるいは探すことでした。なおかつ、一般的な社員はパソコン操作をマウスに頼りきりで、ショートカットキーを活用していませんでした。

「生産性向上の鍵はここにあると、アウトルック使用のベストプラクティスを確立し、社内で共有することを思いつきました」

そこでメールは整理せず、既読メールは全部アーカイブに入れる、受信箱はこれから返信すべきメールと未読メールだけが見える状態にする、最低10個のショートカットキーを使いこなすといったマニュアルを完成させました。

ただ社員にマニュアルを渡すだけでは、長年のメール作業の習慣が変わるはずもありません。まずはメールをよく出す必要がある部署を特定し、アウトルックの使い方講座を開いて時間短縮のコツを伝授。すると、予想以上の結果が出ました。講習後、ログを取り解析したところ、これまでアウトルックに使っていた時間の20%を削減することができたのです。

これは汎用性があると思い、社内全体に広げるため、複数の講師も養成。現在では、数百人の社員にアウトルック講座を実施済みです。

〝他流試合〟で腕を磨く

社内で成功体験を積むと、社外でもその力が発揮できるかどうか〝他流試合〟で試したくなるものです。

そこで森氏が、知人に教わった「ストアカ」を介して受講者を募集したところ、またたく間に人気講座に成長。今では会社の近くのコワーキング・カフェで週2回、退社後に講座を開くほどになりました。

最近では、朝7時半から同じカフェで「ショートカットキー習得法」講座も始めました。受講料は1人当たり1900円と安価ですが、月2万〜3万円程度の副収入になるといいます。

「報酬は気にしません。会社を立ち上げたいという目標があるので、経営者に一歩近づくために話し方や説明する力を高めたいと思っています」

その成果は既に出始めています。

先日は、キャビンアテンダントからある一般企業の事務職に転職し、「アウトルックが使いこなせない」と悩んでいた女性から、業務効率が上がったと涙ながらに感謝されたといいます。

現在、ＨＲ（人事）に特化した新規事業を社内で計画しているという森氏。副業で得た自信が、本業により積極的に取り組むモチベーションを生み出したようでした。

地元で活躍、週末マーケター

３人目に、freee のマーケティング部門でマネジャーを務める水野剛氏を紹介しましょう。

彼は２０１８年２月から地元、岩手県で副業を始めました。

その内容は岩手県八幡平市で約40年続くホテル「いこいの村岩手」の〝週末マーケター〟です。毎月２回、金曜日の夜に東京駅７時20分発の東北新幹線に乗り、盛岡で降りて実家に前泊。土曜日に１時間ほどかけて「いこいの村岩手」に着くと、日曜日の夕方までやるべき仕事がひっきりなしにあります。

カバー領域は、マーケティングビジョンの策定という経営レベルのものから、喫煙所の移動といった実際に身体を動かす仕事まで多岐にわたります。

月４日の勤務で報酬は交通費別で月５万円。「grooves（グルーヴス）」という会社が提供する「スキル・シフト」というサービスを介して、この副業と出会いました。

「故郷に貢献したいという思いと、いずれは岩手の家業を継ぐため、地元のコミュニティを拡大したい気持ちもあり、この副業を始めました」

「いこいの村岩手」の社長は、東北や関東に多数の薬局を経営するやり手で、76歳と高齢ではあるものの、バイタリティに満ちて人望も厚い。面接でその人柄に惹かれたことも、副業を決意する決め手になったといいます。

しかし、いざ現地に乗り込むと、ホテルのロビーフロアには、なぜか一番目立つ位置に巨大な酸素マシンが鎮座し、ロビーの喫煙所からは煙が漏れているなど、課題は山積みでした。

何より、社長が経営する薬局の利益が潤沢にあるため、ホテルの経営は長年赤字を垂れ流す一方。その上、社長はホテルのコンセプトを〝健康と癒やし〟と定義していましたが、現実の顧客ニーズや従業員の思いとは大きなズレがあったのです。

「このホテルは高速道路のインターチェンジから5分の好立地なので、平日はビジネス客の利用が多い。そういったビジネス客がホテルに〝健康と癒やし〟を求めているとは思えません」

つまり、本来、経営者と従業員が行動基準や価値観を1つにすべきであるホテルの「世界観」がバラバラだったのです。

救いは、社長が「ビジョンはどんどん変えてもらっていい」と柔軟なことと、従業員が月

4日しか来ない水野氏の歓迎会を開いてくれるほど、和気藹々のムードだったことです。

「まずは6人のプロジェクトメンバーと『このホテルをどうしたい?』と話し合いました。すると、『ビジネス客を笑顔にさせたい』とか、『驚きを与えたい』といったお客さま視点のキーワードがたくさん出てきました。今はそうした提案をもとに、自分たちが共有すべき世界観の構築をしているところです」

水野氏はもともと、新卒入社した旭硝子で、アクセスログ解析によりエンドユーザーのニーズを割り出すマーケティングを担当。その後、転職したユニクロでは、店長を経てwebマーケティングを行っていました。この副業にはこれまでのキャリアのすべてが活かされているといいます。

「ユニクロで店長になりたてのときは、人は褒めれば動いてくれるのではないかと思い、『さっきは、ありがとうね』なんて言っていましたが、効果はまるでなし。その人が何に困り悩んでいるのかと真剣に向き合わない限り、人は動いてくれないと悟りました」

だからこそ、「いこいの村岩手」ではメンバーの意見をじっくり聞くのです。

当時の経験は、ホテルの「動線の変更」にも発揮されます。

フロント前の土産物店は棚が多すぎて、客が商品を選びにくい上、店仕舞いにはいちいち什器を動かす必要がありました。

「その作業に毎晩4分はかかりました。それを毎日やったら年間で1460分、24時間以上。これさえやめれば仲間の誰かが1日休める計算でした」

即座に余計な什器を撤去した結果、土産物を買う客の回遊性も向上したそうです。

副業を始めて2カ月で、このような目に見える変化をもたらし、社長には「永遠に来てほしい」とまで言われているそうです。

本業と副業と学びが三位一体の働き方

そもそもfreeeでは、全面的に社員の副業が認められています。水野氏は上司や同僚に気兼ねなく、会社とは違う環境で仕事に没頭できることが楽しく、気分転換にもなるといいます。

「もちろん疲れを感じることもありますが、ホテルの温泉にも入れますし、ときどきは子どもを連れての帰省も兼ねています。それ以上に働く場を2拠点持ち、本業と副業でそれぞれ〝濃い仕事〟をしている充実感を得ています」

そして、副業をするなら「お金を目的にしないほうがいい」と強調します。

「私の場合、地元、岩手の経済人から人望が厚い、社長の義理人情の堅さに大きな影響を受けています。こうした人脈作りや、能力の向上を目的にしたほうが、副業することの価値は上がると思います」

3者とも、本業と副業と学びが三位一体化した働き方を成功させています。やりたいことをただ夢想するだけではなく、何を実現したいかを明らかにし、実際に行動に移す姿勢は参考になります。

ヤフー、週休3日社員の本当の狙い

仕事と学びが一体化した新時代の働き方を奨励する企業も、ITやネット関連企業を中心に出現してきました。なぜ副業の解禁や短時間勤務、テレワークなど「柔軟な働き方」がITやネット業界を中心に進んでいるかといえば、理由は主に2つあります。

1つはITやネット企業の中心的存在であるエンジニアはもともと、実践による体験学習がスキルの向上に不可欠なため、学びを兼ねた副業・兼業を当然のごとく行ってきた習慣があり、これを認めない限り優秀な人材の確保やリテンション（流出防止）が難しいこと。

2つ目は、テクノロジー企業のため、テレワークを進める上で欠かせない、遠隔会議システムの導入などが比較的容易であることなどです。

さて、柔軟な働き方をいち早く実践する企業としては、ヤフーが有名です。2016年9月、ヤフーは「週休3日制」の導入を検討していることを発表しました。同社社長の（当時は副社長執行役員 最高執行責任者）である川邊健太郎氏は、新オフィスの見学会で「単純な作業などはAIや機械学習に任せて、人間にはより創造性が豊かな仕事をしてもらう。（中略）それによって週休3日を実現していきたい」と語りました。

通常の週休2日に加えてあと1日休みになり、その間は副業しようが勉強しようが遊ぼうが本人の自由、という新制度の狙いとは何なのでしょうか。

日本の企業は他の先進国に比べて、ワーキングマザー向けの「短時間勤務制度（時短）」が普及しています。そして、この制度を利用する女性は、たとえ成果はフルタイム勤務の社員と同じだけ出していても、働く時間が減るだけ、きっちり減額されるのが常です（このあたりの問題点については拙著『凄母』〈東洋経済新報社〉をお読みください）。

では、ヤフーの「週休3日制」の場合はどうなのでしょうか。

週休3日でも給料が上がる人、下がる人

同社の人事を統括する上級執行役員、コーポレート統括本部長の本間浩輔氏はNewsPicksの取材で、そもそも「週休3日制」導入の前提は時間拘束ではなく、成果に対してお金を払うことを徹底することにあると語りました。

「そもそもこれまでの会社というのは、従業員に対して横柄だったと思うのです。ウチは9時から5時までの勤務だから、この通りに働いてくれなきゃ会社に入れてやんないよ、という世界じゃないですか。そうではなくて、あなたが好きな働き方で働いてくださいという会社があったっていいと思います」

よって、週休3日でも、貢献度の高い社員はむしろ給料を上げるし、そうではない人は給料を下げるといいます。「週休3日制」というと、なんて楽なんだと羨ましがる人も多いかもしれませんが、何時間働いたといった「根性論」はどうでもよく、求めるのはあくまで成果という、ある意味厳しい制度ともいえるのです。

もっとも、従業員を時間で管理しない場合、難しいのは各人の成果や貢献度をどう測るか

です。実際本間氏も、「週休3日や在宅勤務が成功するかどうかは、上長がメンバーを正しく評価できるかどうかがすべて」と強調します。

そのため同社では、より公正な評価にするため360度評価を取り入れ、いくら仕事ができても部下を適正に評価できない管理職は、マネジメントからは外れてもらうということを徹底しているそうです。

柔軟な働き方により定年がなくなる

また、ヤフーが示した「脱時間給」の流れは、これまでの〝会社の常識〟を2つ否定することになるといいます。

1つは、会社に来て働かなければいけないという常識です。会社への貢献度が高ければいつ来てもいいし、むしろ来なくてもいいという自由を与える代わりに、長時間会社にいることでガッツを見せつける、上司にゴマをするといった、かつての出世の小技は一切使えなくなります。

そして2つ目は定年という概念です。

本間氏は、「実は僕らがチャレンジしたいのは定年の廃止。そもそも定年なんて、ナンセンス」と語ります。確かに65歳の誕生日を迎えたからといって、いきなりその人のスキルや成果が落ちるのかといえばそんなことはありません。

前述したように、今や新卒採用においても「一律初任給」といった横並びの考えは通用しなくなりつつある以上、「一律定年の廃止」も検討されるべきではないでしょうか。

環境要因と自己責任の両方を振り返る

本章で紹介してきたような、副業・兼業、週休3日、短時間勤務、W正社員といった仕事と学びが一体化した働き方は、2つの条件が重なってはじめて成立します。

1つは、労働環境です。たとえば週休3日社員なら、全社員にその人の出勤日時が周知されているわけではないので、「今日〇〇さんは?」といったすれ違いが生じやすくなるでしょう。突発的な業務依頼をすることにも障害があるかもしれません。

また、全社ミーティングへの参加が難しくなれば、全社で共有されている情報に追いつけずタスク漏れの可能性が発生します。さらに本人のやりたいこととできることが、会社が任せたいことと一致しなくなる場合もあります。また、上司がその人に週休3日が適用される理由を周囲にうまく説明できないと、「なぜあの人だけ特別扱いなのか」といった具合に周囲のモチベーションが下がる懸念もあります。

　このような事態にならないように、まずは労働環境として、組織が「柔軟な働き方」への理解を持つこと。そして、その働き方を上司が周囲にきちんと説明していることなどが、必須条件になります。そうでない場合は、上司や組織に「柔軟な働き方」への理解を求める(もちろんそうするためには、日頃から仕事で一定の成果を上げ、なおかつ上司との信頼関係を築いておくことが欠かせません)。あるいは、より風通しのよい環境を求めて転職や独立を視野に入れるしかありません。

　もう1つは、自分の問題です。こうした新しい働き方は前例があまりないために、労務や人事、あるいは同僚や上司、はたまた顧客や取引先などに負担や迷惑をかける可能性があります。それを理解した上で、きちんと説明する責任を果たせるか、そして、タスクや時間、心身の健康の管理は自分で行い、組織と約束したミッションを果たせるか。この両方が揃ってはじめて、「柔軟な働き方」という選択肢が成り立つということを忘れてはいけないと思います。

　流行っているから、あの人もやっているからといったことで迂闊に始めると、かえって苦労する羽目になるでしょう。また組織は組織で、柔軟な働き方を認めていくことは、これまで埋もれていた才能、たとえばワーキングマザーやシニアの力が活かせる、優秀な人材を採用することにつながるといった利点が大きいため、新しい働き方の支援を積極的に進めてほしいと思います。

第5章

人生100年時代の「大人の学び」

なぜ日本の会社員は勉強しないのか

第4次産業革命による急激な産業構造の変化が起き、本来、〝経験豊富〟であるはずの社会人も、勉強しなければ「次世代の子ども」にも劣る存在に落ちてしまう時代。

ましてや、人が100年も〝健康に〟生きる時代が到来すると、「教育を受ける」「仕事をする」「引退する」という従来の3つの人生ステージを送るモデルは通用しなくなります。だからこそ、今後は、大人になっても新たな技能や知識を習得するための教育や経験、人的ネットワークを蓄えることが重要です。

現在、政府では「リカレント教育（仕事と学びが循環すること）」の推進や、それを可能にする「柔軟な働き方」の実現に向けて、審議を重ねています。

しかし、現状、「大人の学び直し」には課題が山積です。

経済産業省の「我が国産業における人材力強化に向けた研究会　必要な人材像とキャリア構築支援に向けた検討ワーキンググループ」の第2回で、ゲストスピーカーの慶應義塾大学特任教授の高橋俊介氏は、「日本のホワイトカラーは先進国で最低というほど、自己啓発していない。日本は、自己投資するという習慣や概念が希薄」と発言しました。

事実、他の先進国と比べて、日本のサラリーマンが勉強していないことは、データにも表れています。ＯＥＣＤのデータによると、25歳以上の社会人が短期高等教育機関へ入学する割合は、ＯＥＣＤ諸国中で最下位（図11参照）。30歳以上の修士課程への入学者の割合も３・２％と低く、トップの53％を誇るイスラエルとは大きな開きがあります。

先の審議会で高橋氏は、「社会人が勉強しない」のは「自分のキャリアは自分で創るという自律的なマインドセットがないから」と分析していましたが、なるほど、「首都圏管理職

図11　日本のサラリーマンは先進国一学んでいない

25歳以上の短期高等教育機関への入学者の割合(2014)

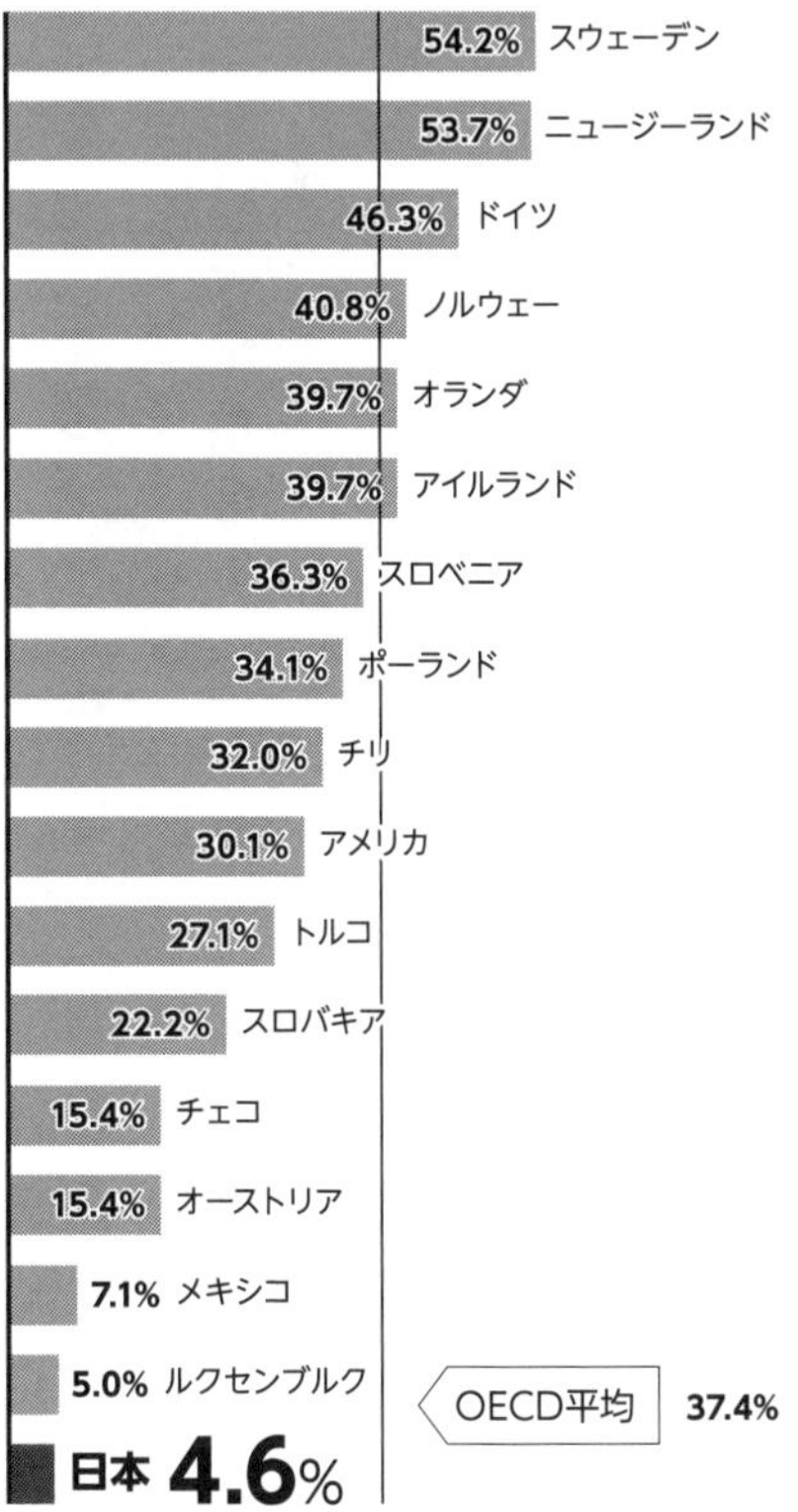

出所：「Education at a Glance 2016」(諸外国)及び「平成28年度学校基本統計」(日本)。日本の数値は2016年。

図12　日本のサラリーマンで「目標」があるのは4割以下

Q あなたの今後のキャリアの在り方について、現在のあなたの考え方に近いものは？

（現在の勤務先にとどまらず、今後の人生においてお考えください）

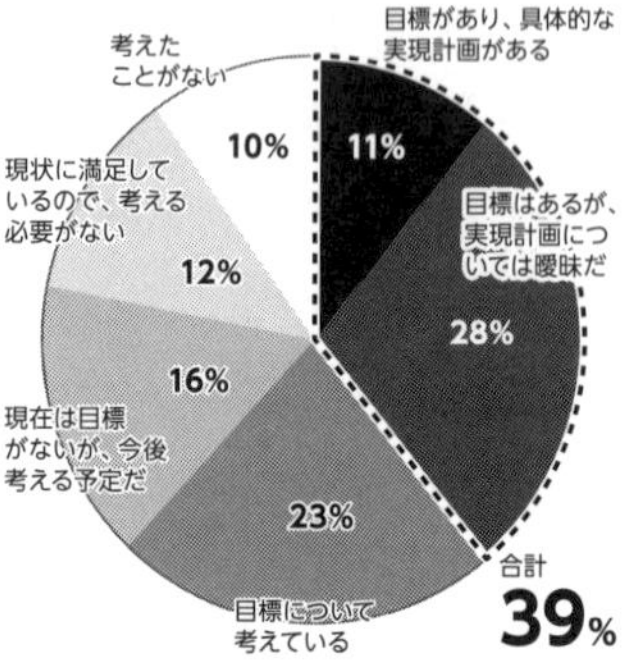

出所：「首都圏管理職の就業意識調査2016年」日本人材機構

図13　同世代の中で「活躍している人」は3割以下

Q 現在の勤務先の他社の状況について、あなたの同年代の中で、能力を発揮し活躍している人の割合はどの程度だと思いますか？

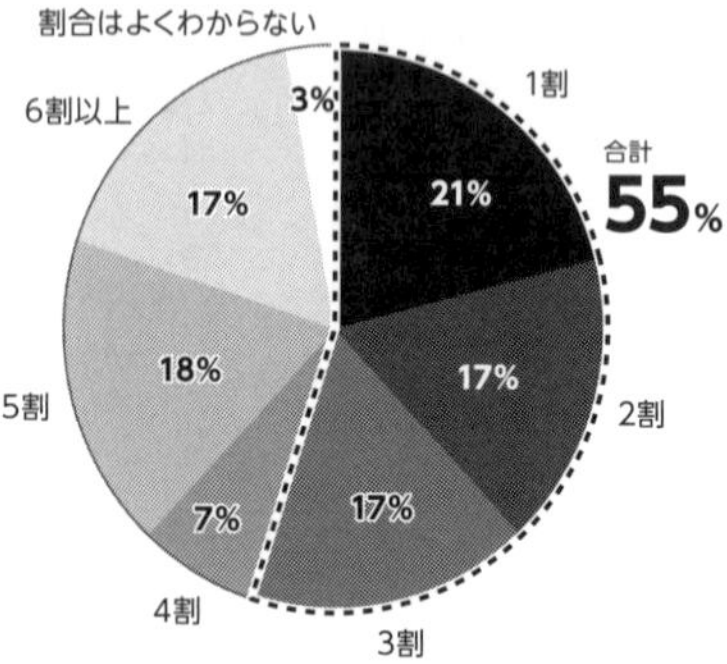

出所：「首都圏管理職の就業意識調査2016」日本人材機構

の就業意識調査２０１６」（日本人材機構）においても、キャリアにおいて目標があると答えた人は４割程度しかいません（図12参照）。

　キャリア目標もなく、仕事力を高める学びも不足しているせいでしょうか。同調査で「同世代の中で『活躍している人』の割合」の項目において、「３割以下」の答えを選んだ人が過半数を占めました（図13参照）。

　このデータだけを見ると、まるで日本のサラリーマンは、先進国一勉強をしておらず、目標もなく、活躍していない人が大半のように見えてしまいます。

活躍している同期は3割

もちろん、一口に「学び」といっても、いわゆる大学院など教育機関での学習だけではありません。仕事や読書、社外活動からの学びも大いにあるはずです。それにしても、活躍している同世代が3割とは、あまりに寂しいアンケート結果ではないでしょうか。

もっとも、この現状を、日本の会社員のやる気のなさのせいだと考えるのは早計です。というのも、新卒一括採用、年功序列、終身雇用という「日本型雇用システム」においては、社会人は勉強しても、報酬や待遇という形でその見返りが期待しにくい側面が大いにあるからです。

いや、それどころか、日本の会社ではいまだ、社外で活動する余裕があるなら仕事をしなさいといった圧力が働く場合さえあります。実際、社会人大学院生のなかには、会社に内緒でこそこそと通っている人も多くいます。

また、日本の社会人向け教育機関や、リカレント教育を推進するためのインフラは他の先進国に比べて充実しているとはいえません。そもそも、リカレント教育のリカレントとは「循環」という意味ですが、ここ日本では、仕事と学習が循環する仕組み自体が乏しいといえます。

大学院に行くために、会社を退職せざるを得ない、あるいは休職後のキャリアパスが見えないのでは、大学院に行こうにもその後の職が得られる保証がなく、第4章で説明した「アンラーン」や、自身の「リ・クリエーション」もおぼつきません。また日本の組織の多くが他社に転職した人が戻ってもう一度働くといった、「出戻り社員」の存在も許していません。

辞める人間は裏切り者扱いで、「出戻り」などもってのほか。だからこそ、転職の心理的ハードルが高く、その結果、人材が流動化せず、個々のビジネスパーソンが自身のスキルの価値や向上に無関心という結果を招いてしまっているのです。

加えて、日本の組織の大半が社員の副業・兼業を認めていません。そのため、社員は労働市場に身を晒すことなく、自分の「市場価値」を把握しづらくなり、結果、ポータブルスキルが磨かれにくくなっています。

つまり、日本のサラリーマンは学びたくても学べない環境にいるとも解釈できます。

「大人の学び」が広がらない環境要因

学んでも会社（労働市場）で評価されない。つまり、学んだところでインセンティブが発生しないから、知識や技能のアップデートをしない。

こういった思いを抱く背景には、能力や成果に応じた給料体系になってきたとはいえ、日本の大手企業の大半においてはいまだに年功序列色が残ること、昇進・昇格の基準が曖昧で、勉強して仕事力を高めるより上司にゴマをする、あるいは長時間労働するなどしてガッツを見せることのほうがかえって評価されてしまう、中途採用の採用基準も曖昧など、日本型雇用の影響によるものが大きく見られます。

専門知識の勉強より、週末に部長のゴルフに同行するといった社内出世の戦術や社内人脈を駆使するほうが〝キャリアアップ〟できるとなれば、そちらを優先するのが自然の摂理です。一方で、会社員のほうも日本型雇用の特性に甘え、自身の能力向上を怠るという側面もあります。

社内研修でどんなに素晴らしい講師を呼んだところで、参加する本人たちの意識が低ければ効果は出ません。いつクビになるかもわからない危機感と隣り合わせの外資系企業の社員は、ビジネススクールに何百万円も自腹で払ってでも行こうとしますが、社費で派遣される日本企業の社員は、なんとかその期間、教室で黙っていればいいと思いがちです。

金銭解雇のルールが明確化されておらず、クビになるリスクが低い日本型雇用。このシステムに染まった従業員たちに、スキル向上への意欲が醸成されにくいのも当然といえるでしょう。

大人が学ぶ教育機関、成人教育の仕組みが不十分

もう1つ、日本で「大人の学び」が広がらない理由としては、大人が学ぶ教育機関、成人教育の仕組みが不十分だという理由も挙げられます。つまり日本では社会人が実学を学べる講座が少なく、その質もまちまちなのです。

また、通学スタイルの講座が主体のため、費用が高額。30～40代の家庭を持つ人にとっては家計を圧迫しがちで、なおかつ講師も〝人材流動化〟していないため、現場経験豊富な人材が足りておらず、たとえばビジネスを教える講座などは、一昔前にコンサルティング会社を解雇された人たちの墓場のようになっている場合もあります。

社会人向けの大学院も他の先進国に比べて質量ともに不足していると同時に、公的な成人学習支援も手薄といえます。

そのためでしょうか。英経済誌『エコノミスト』が発表した「世界ビジネススクールランキング」では、日本のビジネススクールはトップ10どころかトップ100にも入っていません（表10参照）。

表10 『エコノミスト』が発表した「世界ビジネススクールランキング」

1	Northwestern University　Kellogg School of Management （ノースウェスタン大学　ケロッグ・スクール・オブ・マネジメント）
2	University of Chicago　Booth School of Business （シカゴ大学　ブース・スクール・オブ・ビジネス）
3	Harvard Business School （ハーバード・ビジネス・スクール）
4	University of Pennsylvania　Wharton School （ペンシルバニア大学　ウォートン・スクール）
5	Stanford University　Graduate School of Business （スタンフォード大学　ビジネス大学院）
6	UCLA　UCLA Anderson School of Management （UCLA　UCLAアンダーソン・スクール・オブ・マネジメント）
7	University of California at Berkeley　Haas School of Business （カリフォルニア大学バークレー校　ハース・スクール・オブ・ビジネス）
8	Dartmouth College　Tuck School of Business （ダートマスカレッジ　タック・スクール・オブ・ビジネス）
9	Columbia Business School （コロンビア・ビジネス・スクール）
10	University of Virginia　Darden School of Business （バージニア大学　ダーデン・スクール・オブ・ビジネス）
11	Yale School of Management （イェール大学経営大学院）
12	University of Michigan　Stephen M. Ross School of Business （ミシガン大学　スティーブン M. ロス・スクール・オブ・ビジネス）
13	Duke University　Fuqua School of Business （デューク大学　フュークア・スクール・オブ・ビジネス）
14	New York University　Leonard N. Stern School of Business （ニューヨーク大学　レナード N. スターン・スクール・オブ・ビジネス）
15	HEC School of Management （HEC経営大学院）

手厚い海外の「大人の学び」支援

一方、「生涯教育」の概念が根付く欧州では、「大人の学び」に対する公的支援が手厚くあります。

イギリスでは「3L（Life Long Learning）政策」といって、生涯を4つの主要な段階（25歳まで、26～50歳、51～75歳、76歳以上）に分け、予算を公平に分配して国民の生涯学習を支援しています。

スウェーデンでは、国民の9割が「フォーレニング」と呼ばれる職場以外のコミュニティに加入しています（だからこそでしょうか。北欧は「孤独なオジサン率」が低いと、統計に出ています）。それぞれの学習活動は学習連盟を通すことにより「学習サークル」として、国の補助の対象になっています。

デンマークでは、1990年代より労働政策「フレキシキュリティ」を実施。柔軟性を意味するflexibilityと安全を意味するsecurityを組み合わせた造語で、企業は従業員を解雇しやすいものの、失業しても手厚い社会保障と、職業訓練教育が保障されています。

フランスには、地域や施設で国民の生涯学習を指導する「アニマトゥール」と呼ばれる指導員が存在し、２０１１年時点でその数は14万人以上を数えます。

アメリカはカリフォルニア州では、１８７０年代から、働く成人のための学び舎「アダルトスクール」が公的に組織化されています。現在カリフォルニア州では３４０校の州立アダルトスクールがあり、生徒数は州全体で約１２０万人を数えます。

一方、日本では、２０１９年に「実践的専門職業大学」という新しい大学の制度がスタートする予定です。

最新のＡＩについて学ぶ、あるいは「ＨＲ（人事）学院」的な講座を開講するといったアイデアも審議中で、経済産業省が認定した講座を受講する人には、教育訓練給付費として最大で１６８万円が支払われる予定だそうです。この仕組みが成功するかどうかは、今現在使える技能を教えられる講師が、潤沢に確保できるかどうかにかかっているでしょう。

教師も教科書も教室も存在しない学校

米サンフランシスコに、グーグルやフェイスブックなどから卒業生に引き合いが殺到する学校があります。その名はホルバートン・スクール。ソフトウエアエンジニアを育成する、いわば専門学校です。教科書もなければリアルに現れる教師もいない、それどころか入学金も学費もありません。

そんな〝ないない尽くし〟の学校の生徒がなぜ、人気急上昇なのか。

それは生徒が現在進行中のプロジェクトに参加し、アウトプットと同時に学ぶことで、生きたスキルを学んでいるからです。なおかつ、彼らにはグーグル、リンクトイン、ＩＢＭ、ウーバーなどの現役エンジニアの「メンター」がつき、プロジェクトの途中でどうすればいいのか悩んだり、わからないことがあったら彼らに聞くことができます。もっとも、プロジェクトの成功に正解はないので、メンターたちは「こうしたほうがいい」なんていう〝正解〟は教えてくれませんが。

では、何を学ぶかといえば、「Learn how to learn（学び方を学ぶ）」――。つまり、こういった事例の場合、何を参照したらいいというようなアドバイスや、誰に聞いてみるといいといったヒントをもらうのです。

この学校を取材したリクルートワークス研究所主任研究員の辰巳哲子氏は「学び方」の必要性について、次のように語っています。

「プログラミングの世界は日進月歩ですから、数年かけて学校を卒業したころには知識が古くなっています。それより価値があるのは、わからない問題に直面したときに『学び方を知っている』ことなのです」

9カ月に及ぶプロジェクト・ベースド・ラーニング（プロジェクト単位の学び）を終えた生徒たちは、また9カ月間のオンラインによる学習を深め、その後企業で半年間に及ぶインターンシップを行います。このインターンシップ期間および就職後3年間、給与の17％を学校に上納すると、学費に換算される仕組みなのです。

こうした実践的な学校が増えると、大学の学位はスキルを認定する機能を失っていくかもしれません。いや、それどころか、〝スキルの陳腐化〟が激しい時代においてどんな〝スキル〟を持つかにさほどの意味はなく、〝新しいスキルを獲得する方法を知っている〟ことこそが、今求められる〝本当のスキル〟なのかもしれません。

求められるのは「問いを立てる力」

もっとも、ホルバートン・スクールのような、教師もいなければ教室も教科書もない学校が成立するには、生徒が何をメンターに聞けば目の前のプロジェクトの課題が解決するのかといった「問いを立てる力」を持っていることが前提になります。

なおかつ、グーグルなどに勤める現役エンジニアであるメンター陣も、まず本業の会社が社員の講師としての活動を許容していること（つまり副業が許されていること）、さらに、人に自分の持つ知識や技能を教えようとする意欲やノウハウがあることが、条件になります。

日本にも、このような実践的な実務を教える学校が、多分野で展開されることを望みますが、現時点では様々なハードルをくぐり抜ける必要があるといえるでしょう。

大人の学びとは「体験総量」を上げること

では、ここで改めて、長く働き続けるために必要な「大人の学び」について考えていきたいと思います。

リカレント教育などについて審議する「我が国産業における人材力強化に向けた研究会（第1回）」において、ゲストスピーカーの花まる学習会代表高濱正伸氏は、「大人の学びとは『体験の総量』を上げることだ」と定義づけました。

前出・立教大学教授の中原淳氏も、現代は「経験が資本になる社会」とした上で、「たとえば、新規事業を経験し、苦労を重ねながら、『ユーザーに喜んでもらうとはこういうことか』と成功パターンを〝持論化〟する。この持論化こそが、大人の学びの本質」と語っています。

つまり、大人の学びは座学や知識の収集だけではない。現場での実践や行動にこそあるということです。

現代は「経験獲得競争社会」

しかし、大企業に勤務する場合、多くの仕事はシステム化され、固定化した業務になりがちで、ルーティーンワークから得る学びはさほどありません。では、人はどのような仕事で一皮むけるのでしょうか。

それは、「タフ・アサインメント（キツい仕事の指名）」と呼ばれる、修羅場経験です。

三井物産の人材育成のキーワードは、「修羅場、土壇場、正念場」で、この3つのタフ・アサインメントこそが経営人材を創る上で最良の手段としています。人材輩出会社として著名なGEでも、「ストレッチな経験（一段難しい仕事をすること）」という言葉がよく使われ、もっとも人が伸びる仕事だと認定されています。

つまり自分の能力をちょっと超えた仕事こそが、「大人の学び」の極めつけだということです。

では、具体的に「タフ・アサインメント」とはどのような仕事でしょうか。それは伸びていく分野での、前例のない仕事を経験することです。

新しい分野に挑むということは、今まで非日常だったことが今日は日常になるということを身をもって知ることであり、もっとも貴重な経験学習といえます。

しかし、海外のグループ会社のマネージメントを経験する、あるいは新規事業を任されるといった「タフ・アサインメント」の数は、会社のなかで限られています。したがって、「タフ・アサインメント」に任命されるのは、既存の仕事で成果を出した人ばかりです。仕事はすべてプロジェクトごとに指名されるという、ある意味特殊な職種のコンサルタントも、「タフ・アサインメント」といわれるような、面白そうかつ能力がブラッシュアップしそうな仕事は、トップの人から順に指名されていくのです。組織においては、仕事の成果は面白い仕事で報いることが常道です。つまり、いい仕事をしないと、いい仕事は来ないのです。

だからこそ、中原氏は「現在はみんなが、学びを得られるいい経験を競い合う経験獲得競争社会」というのです。

全社員に15%の社内副業を奨励する丸紅

前述した通り、「伸びていく分野で前例のない仕事をすること」は、将来の経営幹部候補として選抜された、一部のエリート社員にアサインされがちです。

では、いったいどれだけの社員が経営幹部候補として選抜されるのかといえば、その割合は大変に低いのです。日本人材機構の「首都圏管理職の就業意識調査2016年」によると、「同期入社組のうち、選抜対象者の割合はどの程度ですか?」との質問に、76%の人が1~2割だと回答しました。

また、「選抜が行われる年齢は、新卒で入社した社員の場合、何歳くらいですか?」との質問に対し、「39歳まで」と回答した人が累計で63%に達しました。

つまり、40歳の時点で大半の人が選抜から漏れてしまっているのです。

加えて、第1章で触れたように、管理職や役員の年齢も高齢化しており、「前例のない面白い仕事」の機会は、そう簡単には得られそうにありません。しかし、選抜人材もそうではない人材も、自力で「前例のない面白い仕事」を取りに行き、「体験の総量」を増やす機会はあります。

その1つが、「社内FA」や「社内ベンチャー」といった制度を活用することです。あるいは、社内横断的なプロジェクトが開催されると聞いたら、そこに自ら手挙げすることも有効な手段といえます。

また、最近ではグーグルの「20％ルール（労働時間の20％は通常業務以外に取り組む〝クールなプロジェクト〟に使ってよいというルール）」のように、社内横断型プロジェクトを推進する日本企業も現れ始めました。

その1つが総合商社の丸紅です。

丸紅では、2018年4月から「15％ルール」という、業務時間の15％を事業の創出に向けた活動に充てるルールを実践しています。このルールの導入により、商社特有の「背番号制（入社したときのグループにずっと属すること）」を踏襲しながらも、別グループと協働し、イノベーションにつなげるのが狙いです。

15％の時間は「残業」するのではなく、たとえば社内の資料提出の回数を絞る、あるいは会議時間を減らすなどの工夫をして捻出し、1週間のうち半日分を「これまでにやったことのない事業の創出」や業務改善のプロジェクトに充てる仕組みです。選抜された社員ではなく全社員を対象にしているのが画期的です。

このような制度がある場合は、こうした機会をはすにかまえて静観するのではなく、絶好の「タフ・アサインメント」の機会として捉え、全力で挑んでみることが有効な学びになるのではないでしょうか。

ベンチャー企業で社長の右腕を経験する

また、今いる会社でルーティーンワークをしている限りは、得られる学びは何もないという場合、異動や他の仕事に手挙げするチャンスもない場合は、真剣に転職を考えてみるのも手です。

なかでも学びの多い転職先として検討したいのが、「社長の右腕ポジション」です。実際、私がこれまで15年にわたりビジネスパーソンの取材を続けた結果、多くの人が一皮むけた体験としてよく挙げるのが、やり手オーナー社長の右腕として仕えるという経験でした。

そのロールモデルとしてすぐに頭に浮かぶのは、現在、日本人材機構で社長を務める小城武彦氏です。

小城氏は、東大法学部を卒業後、新卒で通商産業省（現経済産業省）に入省し、ベンチャービジネスの推進を担当。しかし、35歳のとき「自分は経営を何も知らない」というもどかしさが募り、ベンチャー起業家の生き生きとした姿に触発され、当時まだ小さかったCCC（カルチュア・コンビニエンス・クラブ）に転職。平社員から民間でのキャリアをスタートさせた経験の持ち主です。

増田宗昭社長のカバン持ちから始め（実際に初仕事はゴルフバッグを持つことでした）、無我夢中で経営の真髄を学び、その後は産業再生機構でカネボウ（現クラシエ）や丸善の再建を主導しました。

現在は、日本人材機構を立ち上げ、優秀な大企業の人材を地方創生人材として、地方企業社長の右腕に据える事業が軌道に乗るよう奮闘中です。

そんな小城氏は、当時感じた大組織とベンチャー企業の違いについて、こう語っています。

「大組織には、どこにも〝その道の専門家〟がいます。でも中小企業にはいないから、知識も経験もない人にもチャンスが回ってくるのです。もちろんその分、本を読んだり、知り合いに聞きに行ったりして、やっつけ勉強で何とかするしかありませんが、必死でやっていればなんとかなる。それに、当時TSUTAYA（2006年、CCCから分離設立）は伸びていたから仕事のボリュームが増える一方。常にはじめてのことをやらされ続けました。そうすると人間って怖いもので、ちゃんと伸びるのですよ。自分自身もこの時期に思いっきりストレッチしましたし、ものすごい勢いで成長しました」

さらに、オーナーの圧倒的な熱量を体感しながら仕事をすることが、大きな財産になったと続けます。

「オーナーは24時間、どうすれば事業が伸びるか、ずっと考えています。事業を作る人とは、どれだけコミットメントが高いかということがわかるだけでも、ものすごい財産でした」

その後も利益追求について厳しく問われ、昼も夜も土日も関係なく、どうすれば会社が伸びるかを24時間必死で考えていたといいます。自身の経験を振り返り、こう結びます。

「大組織の人は、確かに仕事も優秀だし要領もいいけれど、おそらく頭の稼働率は60〜70％くらいでしょう。ベンチャー企業で毎日120％、限界まで脳を使った人にはかなわないと思います。なかでも社長の覚悟、決断の速さを近くで感じられる〝有能なオーナー社長の右腕〟としての経験は、絶好の〝タフ・アサインメント〟の場だと考えます」

官庁という大組織では決して学べない経験をしたことが、小城氏の成長を促したのは明らかです。

「大人のインターン」経験

もっとも、これからまさに伸び盛りのベンチャーでオーナー社長の薫陶を受けながら伴走するという経験は、誰しもできるものではないですし、たまたま入ったベンチャー企業が成長するという保証はどこにもありません。

また、大手企業からベンチャーへの転職はハードルが高すぎると感じる人も多いでしょう。

実際、長らく同じ会社に勤めている場合、本人は意識せずともその会社の風土に染まっているため、職場を変えるという選択はときに強いハレーションを起こすこともあります。

そこで、それほど大きなリスクを取らなくとも、自ら「タフ・アサインメント」を取りに行く経験として勧めたいのが、前章で紹介した副業・兼業であり、また今ここで紹介する〝大人のインターン〟です。

NTT西日本社員のベンチャー修業

NTT西日本の大阪本社でビジネス開発を手がける佐伯穂高氏は、2017年、〝大人のインターン〟ともいえる取り組みに挑戦しました。

1年間という期間限定で、癒やしをもたらす風景の4K映像を、企業や病院などに販売するランドスキップという会社で事業開発を担いました。

NTT西日本といえば、元を辿れば電電公社であり、保守的な社風で知られるだけに意外な試みです。実はNTT西日本では、既に始まっている人口減や電話回線利用の減少に備え、新しいビジネスを生み出さなければ、今後の経営は立ち行かなくなるという強い危機感があるのです。

佐伯氏は20代後半のころに、高速インターネット通信を広島カープなどの球団とコラボレーションしてＰＲする仕事や、自治体のお墨付きをもらって、ご当地Wi-Fiを普及させる仕事で頭角を現し、30代で念願がかなって本社でのビジネス開発の仕事に就きました。

そこで新規事業の開発を提案したいと考えていた矢先、社内メールで「ベンチャー企業で新規事業の勉強をしてみませんか」という案内がきたのです。

興味をそそられつつも、会社を1年間も離れたら、自分のキャリアはどうなるのかという不安を抱きましたが、「案ずるよりやってみよう」と選考会に参加したところ、無事合格。上司の応援もありました。

大企業とベンチャーのスピードの違い

しかし、いざベンチャーに飛び込んでみると、戸惑いの連続だったといいます。最初に社長に同行した商談では何も話せず、ふがいなさを感じたのです。

さらに、大企業とベンチャーの「時間感覚」の違いに驚いたとも。

「提案書1つ作るにも、僕らだったら関係各所と調整しながら1カ月単位で作っていたのを、ここでは半日で作り上げてしまうのです」

その一方、経営のスピードは速くともシステム化が苦手という、スタートアップ企業によくある欠点がありました。

そこへいくと、大企業でタスクの効率化を手がけてきた佐伯氏は、業務を属人性に依存するのではなく、誰もができる持続可能なものにするシステム化は得意中の得意です。

そこで現在は「顧客にオーダーメイドの提案をするのではなく、パッケージとして提供していく仕組みを開発している」といいます。

「ベンチャーに来て感じたのは、新規事業は、大企業の縦割りの組織構造を横に倒して水平統合にしたほうがいいということ。縦割りだとリーダーは縦の責任しか取らず、その結果、横串のプロジェクトが進みません。新規プロジェクトに紐づくリーダーをそのつど立てる形がいいと学びました」

大組織にいることで仕事の停滞を感じたら、自ら働き盛りを演出する――。社内横断プロジェクトへの参加、ベンチャー企業への転職、大人のインターン（表11参照）など、「タフ・アサインメント」を自ら手にする手段は増えています。

いずれにしても、今の自分にはちょっと難しいというくらいの仕事に挑戦し、PDCA（plan-do-check-act）サイクルを高速で回転させ、自分を振り返ることが、もっとも人を成長させることは間違いなさそうです。

表11　“大人のインターン”を提供するサービス一覧

サービス	内容
ローンディール	大企業の「イントレプレナー」が、ベンチャー企業に1年間、社長の右腕的なポジションで赴任し、武者修行する人材育成プログラム
ナナサン	大企業のミドルキャリア社員（40〜50代）が、本業を7割行いながら3割ベンチャー企業に“インターン”し、社外で能力を活用する
サンカク	仕事をしながら、他の企業の経営ディスカッションに参加する機会を提供する
リディラバ	性教育から防衛問題まで200以上のテーマの社会問題の現場経験ができるツアーを提供。これまで6000人を超える人が参加
クロスフィールズ	主に大企業の社員が、インドやラオスなど新興国のNPOや企業に“留職”。本業で培った知見や知識を活かして、課題解決に挑み、そこで得た経験を仕事に活かす
タイガーモブ	アジアやアフリカなどの新興国で、学校を作る、料理店を運営する、物流網を開拓するといったインターンに社会人が挑むプログラム

本を読むことは「代理体験」

副業や転職により、新たな「伸びる分野の仕事」を経験することも1つの手ですが、身近なところでは本を読むことも重要な学びになります。

「タフ・アサインメント」から得る経験学習の効果はもっともパワフルですが、新しい仕事は誰も経験したことがないことを試行錯誤しながらやるだけに、失敗も多く、ともすれば脱落する人もいるのが現実です。

一方、「本を読む」ことはリスクも少なく、極めて効率的な学びの1つです。ただし、本の〝読み方の工夫をすること〟が、一歩先を行く大人の読書術です。その1つが、読書は「他人の経験を買う」行為と自覚することです。

つまり、本を読むという行為を通して、他者の経験を「追体験」することが、読書を学びにする秘訣なのです。

そして、そこから得られた経験を、すぐに自分の思考や仕事に反映させる。この一連の流れにより、「タフ・アサインメント」と同様に、「○○とは、こういうことか」といった成功パターンを〝持論化〟することができます。

本はケンカしながら読む

本を考えながら読むことの重要性は、東京大学経済学部教授の柳川範之氏も同意するところです。

柳川氏はその極意を、「本はケンカしながら読む」と表現します。どういうことかと言えば、本に書かれている内容に「本当は正しくないいんじゃないか」「違う考え方もありうるのではないか」などと突っ込みを入れながら読むことで、その本を深く理解することにつながるというのです。

今の時代に求められている考える力とは、識者の話を鵜呑みにせず、自分で理論を組み立て、違う理論を語れること。本の内容を何の疑いもなく頭に入れているだけでは、ほとんど何も残らないと柳川氏は強調します。

さらに、もう1つ重要なポイントとして、「熟成させること」も挙げています。これはたとえば、歴史書の場合だったら、「この出来事と他の出来事につながりはないか」「他の分野に応用できないか」「共通するメッセージは何か」などの切り口で考えながら読むということ。

このような方法をとることで、時代や地域の違いを超えた「普遍的な構造」を見出すことができる。そして、この読書を介した〝加工作業〟こそが、現在や未来を生きる上で必要な知恵を得る勉強の本質だと語るのです。

読書への取り組み方を念頭に置きながら本を読めば、本の内容以上の何かを得られる可能性は大いにあります。読書とは実は受け身ではなく、能動的な勉強という行為そのものなのです。

ネットワークも「代理体験」

また、前述したように、ネットワークを広げて多様な人と接することも、読書同様の学びになります。人伝に聞いたことを「代理体験」できるからです。

ただしこの場合、ただやみくもに人に会うのではなく、自分が学びたい領域を学ぶためには、「know who knows X（専門知識Xを知っている人を知っている）」が重要になります。

また、その分野の一流の人と付き合うことで得られる効果の1つは、その人からフィードバックを得られることです。

自分が一目置く人から、「耳の痛い指摘」を受けることで、第4章で述べた「アンラーン」のようなきっかけができる効用があります。

わかりやすく言うと、「今までの自分に染み付いていた成功法則はもはや通用しない」と自覚することが、次の学びへとつながるのです。

ただし、多種多様な一流の人と付き合うためには、その人に対して「貢献価値」を出さなくてはいけません。つまり、自分も相手に有益な情報を伝えるなど役に立たなくてはならないだけに、この学びは案外、難易度が高いといえます。

人に教えることで自分を知る

ドラッカーが「人の助けになろうとすることほど、自らの成長になることはない」と言ったように、人に仕事を教えることも重要な「大人の学び」の1つです。

しかし、これは意外と難しいことです。なぜなら、多くのビジネスパーソンは自分の仕事を言葉にできないからです。

「あなたは今日どんな仕事をしていましたか?」と聞くと、だいたいの人は「いやあ、ばたばたしていました」くらいしか言えません。

自分の仕事が言葉にできないのは、人は何かをするときに、どのようにやっているかにあまり注意を払うことなく、やることだけに集中しているからなのです。

しかし、人に仕事を教えるとなると、自分はどんなことをやっているのか、無理にでも仕事の要素を分解して、振り返ることになります。

実はこの振り返りこそが「学び」なのです。自分の仕事を棚卸しすることは、自身の成長につながり、そこから先述した「アンラーン」を経験することにもつながります。

「ワークショップ温泉」にのぼせるな

20年も30年も前から、学びの一手段としてセミナーに通う人はよく見受けられました。しかし、このセミナーという学びのプラットフォームは玉石混淆かつ、〝誤用〟する人が多いという印象があります。

これは、情報商材販売業者まがいの良くないセミナー業者や個人が多々いる上、そのときどきで旬な人の〝ご説法〟を聞くだけで満足してしまう人も多いからです。

最近では、セミナーの講師が語るだけという一方向性を問題視し、「ワークショップ」と銘打って、双方向の学びを提供する業者や個人も現れましたが、たとえば第4章に登場した「アウトルック講座」のように、明確に学ぶ目的が設定されていない限り、あまり意味のない講座が多すぎるように思います。

実際、ワークショップやセミナー、あるいは個人が運営する〝サロン〟の常連となっている人たちが、本業たる自身の仕事で報われている例を私はあまり多くは知りません。それはおそらく、閉じられた〝サロン〟が〝憩いの場〟になってしまい、そのポジションに満足してしまうからでしょう。

最近では、たまに「ワークショップ温泉」という言葉を耳にします。ワークショップに参加することがまるで「温泉」に浸かるがごとく気持ちよくなってしまい、その反面、現場でアクションをとることに、おっくうになってしまう状態のことを指します。

温泉に行くこととはいわば、「日常空間との断絶」を意識的に作り出すことです。「ワークショップ温泉」に浸かっている人もこれと同じで、ワークショップを日常業務からの逃避として活用し、「現場拒否のワークショップ中毒」に陥っているケースがあります。〝温泉〟で気持ちよくなるのは個人の勝手ですが、この状況があまりに続くと本末転倒です。ワークショップやセミナー、あるいは個人主宰のサロンで学んだことは、しっかりと「現場」に送り出す。つまり、得た学びをすぐに仕事に活用しなければ意味がありません。

ワークショップも読書も、結局、学ぶ最終目的は同じです。仕事に活かして、その法則を「持論化する」という「クロージング」こそが重要なのです。

また、ワークショップやセミナーに参加するより、第4章で紹介したようにその運営メンバーになってしまうほうが、事業を行うスキルも身につき、より深い学びが得られることは疑うべくもありません。

ＶＵＣＡワールドでサバイブする力

これまで、明日の仕事に即、反映される「大人の学び」について紹介してきましたが、現在、経済社会はＶＵＣＡワールドに突入しています。

ＶＵＣＡワールドとは、
Ｖ：Volatility（不安定さ）
Ｕ：Uncertainty（不確実性）
Ｃ：Complexity（複雑さ）
Ａ：Ambiguity（曖昧さ）
この４つの要素をかけ合わせたような先行き不透明な世の中のこと。

デューク大学のキャシー・デビッドソン教授が「米国の小学校に入学した子どもたちの65％は、大学卒業時に今は存在していない職業に就くだろう」と『ニューヨーク・タイムズ』紙（２０１１年）で語ったほど、今や〝未来の仕事〟とは何か、そのために必要な知識や技術は何かを推察するのは極めて困難です。

非認知能力を鍛えれば認知能力が上がる

そこで、ますます重要性を帯びているのが、技術の代替やユーザーの意識の変化などにより、将来的に自分の仕事が衰退したり、なくなったとしても、他の職種にスライドできる、汎用性の高いスキルを身につけることです。

認知能力（ＩＱなど）は、たとえばいくら計算が速くとも記憶力がよくとも、ＡＩによって代替される可能性は大いにありますが、人間性（好奇心、レジリエンス、グリット、倫理、リーダーシップなど）を指す非認知能力は、技術で代替できません。

２０００年にノーベル経済学賞を受賞したシカゴ大教授のジェームズ・ヘックマン氏は、米国で家庭環境に問題のある就学前の幼児の支援プログラムに着目し、認知能力よりも非認知能力を向上させることが、大人になってからの人生に大きなプラスの影響を与えることを見出しました。

この一連の研究からヘックマン教授らは、あらゆる学歴の人において、「非認知能力が高まれば賃金も高まる」という関係があることを発見しています。また、非認知能力が高いと

ＩＱなど認知能力が伸びやすい一方で、その逆はないとも結論付けました。

ニューエリートの前提条件「性格スキル」

慶應義塾大学教授の鶴光太郎氏は、この非認知能力を「性格スキル」と名付けました。これまで性格は生まれつきのもので、そう簡単に変えられるものではないというのが共通認識でしたが、スキル同様にこの能力も鍛えることができるというのです。

たとえば弁護士や医者などの仕事は膨大な判例や症例を扱うだけに、〝人間コンピューター〟のような側面がありますが、判例や症例のような情報や知識から導き出す業務がＡＩに置き換わると、人の心をケアするといったコーディネートする力がますます問われます。そうなると、やはり性格スキルが重要になるのです。

ビッグ・ファイブが人生を決める

ちなみに心理学の世界では、性格は「ビッグ・ファイブ」と呼ぶ5つの因子に分解できることがコンセンサスとなっていて、それらが組み合わさって性格が形成されると考えられています。

5つの定義と内容は表12の通りですが、このなかでもっとも職業人生に大きな影響を与えているのが、鶴氏が言うところの「真面目さ」です。

テキサスA&M大学のマレイ・バリック教授らの研究による、仕事のパフォーマンス（仕事の成果）と各因子の関係の強さを見ると、図14のように「真面目さ」「外向性」「精神的安定性」「協調性」「開放性」の順に強くなっています。

表12　性格スキルのビッグ・ファイブ

	定　義	側　面
真面目さ	計画性、責任感、勤勉性の傾向	自己規律、粘り強さ、熟慮
開放性	新たな美的、文化的、知的な経験に開放的な傾向	好奇心、想像力、審美眼
外向性	自分の関心や精力が外の人や物に向けられる傾向	積極性、社交性、明るさ
協調性	利己的ではなく協調的に行動できる傾向	思いやり、やさしさ
精神的安定性	感情的反応の予測性と整合性の傾向	不安、いらいら、衝動が少ない

出所：ヘックマン＝カウツ論文、『性格スキル――人生を決める5つの能力』鶴光太郎（祥伝社）

その他の研究事例でも、「真面目さ」が年間所得や学歴を高めるという結果が出ています。

では、改めて「真面目さ」とはどのような性格特性を指すのでしょうか。

これは端的にいうと、計画的である、責任感がある、勤勉であるといった性格のことです。

その一面を示す言葉としては、自己規律、忍耐、根性、粘り強さ、熟慮

図14　仕事の成果を決める因子として もっとも重要なのは「真面目さ」

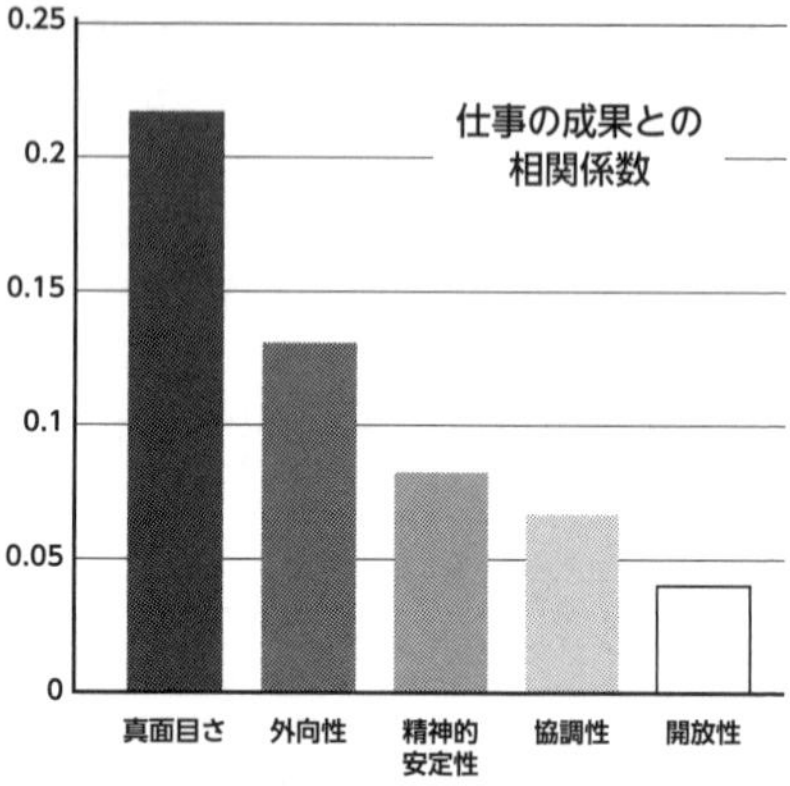

出所：Barrick and Mount、『性格スキル──人生を決める5つの能力』鶴光太郎（祥伝社）

（衝動的でない）、達成努力などが挙げられます。

鶴氏は、「野心を持って目標に向かって自分を律しながら、どんな困難があっても粘り強く責任感を持って努力していく資質」と定義しています。

次に、仕事のパフォーマンスに影響を与える「外向性」は、ほぼ言葉通りのイメージですが、医者などプロフェッショナルの場合の相関係数はマイナスである一方、営業職と管理職では相関係数がかなり高くなるのが特徴です。

また「精神的安定性」も言葉のイメージ通りですが、1つの側面としては「自力本願（行動や評価を他人より自己に求める傾向）」や「自尊心」が挙げられます。

大人も伸ばせる性格スキル

さて、このようなビッグ・ファイブは当初、子ども時代（就学前）に身につけることが重要だと、ヘックマン教授らは強調していました。つまり、子ども時代でないと身につけられないと。

しかし、よくよく調べてみたら「大人になってからも伸ばせる」というエビデンス（研究成果）があることが判明したのです。

鶴氏いわく、「当のヘックマン教授も最近では『青年期でも伸ばせる』と主張を変え、『非認知能力』を『性格スキル』と呼び換えている」といいます。

非認知能力というと、個人的資質と捉えやすく、そう捉えてしまうと、遺伝や子ども時代の環境などで決まってしまうもので、人生においてほとんど変わらないことになります。

しかし、ビッグ・ファイブ（非認知能力）をスキルと捉えれば、それはむしろ人生のなかで学んで伸ばしていくもの、変化しうるものと捉えることが可能です。

イリノイ大学のブレント・ロバーツ教授らの研究（２００６年）によると、「真面目さ」「精神的安定性」「協調性」はいくつになっても人生を通して伸びることがわかりました。

この３つはビッグ・ファイブのなかでも特に人生の成功に重要な性格ですが、10代よりむしろ20代、30代での伸びが大きいことが注目に値します。

また、「外向性」を社会的優越（自己主張が強い）と社会的バイタリティー（１人を好まず群れたがる傾向）に分けると、社会的優越は人生を通して伸びるのに対し、社会的バイタリティーは20代以降では低下していきます。

同様に「開放性」「審美眼」「好奇心」も20代以降は伸びません。たとえば、芸術家に必要な審美眼は子ども時代に美術館などに連れていってもらうことで養われる面が大きく、大人になったらまず伸びません。

このように伸びない因子もありますが、基本的に主な性格スキルは大人になってから十分に伸ばせる、あるいは鍛えられるのです。

性格は変わらないと思っている人が多いようですが、新しい環境に身を置いたときなどに人は意外に変わっていくことが多くあるのです。

性格スキルの鍛え方

では、20代以降に性格スキルを鍛える方法とは何でしょうか。

そのキーワードは「成長」です。

「目標を持って努力し、やがてこれまでの自分とは違う自分になっている。取り組み方や行動が変化する。それが成長であって、結果として性格スキルを伸ばすことにもつながる。そのプロセスそのものが『真面目さ』にあたるので、自分が変わるという結果に向けて頑張ることがどうしても必要になる」と鶴氏は言います。

ここでいう成長とは、出発点と到達点の差分。だからこそ、どこから出発するかという出発点を知ることが第1のポイントです。とはいえ、多くの人はこの出発点がグラグラしてしまって、努力した結果、成長したのかどうか自己判断ができません。それでは性格スキルも伸ばせません。

今の時点で、自分は何者なのか。自分はどういう立ち位置にいるのか。自分と真摯に向き合い、素直に自分を評価すること。人材育成でいうリフレクション（内省）をすることが、極めて重要になるのです。

ちなみに鶴氏によると、海外のプロサッカーリーグでは、選手は今の実力以上に「成長すること」を非常に求められるそうです。新しいクラブに移ったとき「これからあなたはどれくらい成長するのか」が厳しく問われ、成長できない選手は移籍となります。だから、選手は自ら目標を立てて成果を出していくというプロセスを踏むのです。

「成長」を軸に頑張ることは世界標準であり、高いレベルで競い合う世界では常識といえるようです。

成長そのものが幸せの鍵

体験の総量を上げて、成長する——。このことは、自身が希望するキャリアを得る、あるいは人生100年時代をサバイブする上で防衛策になるだけではなく、より大きな効用があります。

それは、成長を自覚することやその過程そのものが、本人の「幸福度を上げる」ということです。

脳・ロボット学者で、慶應義塾大学大学院システムデザイン・マネジメント研究科（SDM）で「幸福学」を教える前野隆司氏が、1500人へのアンケートをもとに、科学的に人の「幸せの全体像」を分析したところ、幸せな人が持つ性格・行動特性は、わずか「4つの要素」に集約されました。

その4つの因子の第1の軸は「強み」「自己実現」「成長」「夢」などの塊で、それらをまとめて前野氏は「やってみよう！　因子（自己実現と成長）」と名付けています。

第2の軸は、人とのつながりを通じて人から感謝される「ありがとう！　因子（つながりと感謝）」。

第3の軸は物事を楽観的に捉える「なんとかなる！　因子（前向きと楽観）」。

そして4つ目は、自分で物事が決められる独立とマイペースが担保される「あなたらしく！　因子（独立とマイペース）」です。

ちなみに、最近アメリカなどで発展しているポジティブサイコロジー（幸せの心理学）では、PERMA（パルマ）というウェルビーイング（身体的、精神的、社会的に良好な状態。直訳は幸福）に至る5つの要素が挙げられています。

その5つとは、①Positive Emotion（ポジティブな感情）、②Engagement（没頭）、③Relationship（ポジティブな人間関係）、④Meaning and Purpose（人生の意味と目的）、⑤Accomplishment（達成）で、これらが持続的に幸福度を増大する構成要素としています（『ポジティブ心理学の挑戦』マーティン・セリグマン／ディスカヴァー・トゥエンティワン）。

このことからも、前野氏の研究結果とセリグマン氏の研究結果は大変似ていることがわかります。

なりたい自分に近づくと幸福度は上がる

なかでも、人が幸せになる条件を因子分析した結果、もっとも幸福度に影響力が強いのは、

「やってみよう！　因子（自己実現と成長）」だったそうです。

前野氏は、「成長とは学習や変化を通して、自分がよりよくなることを目指すこと。本当になりたかった自分に近づいていると、人の幸せ度は高くなる」と言います。

「幸せ」と聞くと、潤沢な資金があり、遊んで暮らす高等遊民のようなイメージを持つ人もいるかもしれません。しかし、幸せの因子を科学的に検証したところ、そんなイメージではまったくなく、目標を持って努力をしている人こそ、幸福度がもっとも高いことが判明したのです。

また、この第1因子は、「競争に打ち勝ってナンバー1を目指せという、進歩主義的なガンバリズムではなく、それぞれの人が自分らしさを見つけること」だといいます。

つまり何か新しいことを学ぶ、人と出会い話をすることで、自分の強みを見つける。それを極めていくプロセスこそが幸せな状態なのです。

テクノロジーで変わる「大人の学び」の未来

本書1冊にわたって、大人が学び続けなくてはいけない必要性や、それを実現するための「学びと仕事が一体化した働き方」などについて解説してきました。

また、何か新しいことを学ぶ、あるいは人と出会うといった大人の学びのプロセスそのものが、人に幸福をもたらすという理論についても紹介しました。

最後はテクノロジーの進展により、「大人の学び」がとりかかりやすくなっている現状についてリポートしたいと思います。

本章において、大人が何かを学ぶことに躊躇してしまう理由について、学んでも会社で評価されない、あるいは転職で有利にならないなど、学ぶインセンティブがないことを指摘しました。が、これもテクノロジーの進展により、解決する話かもしれません。

というのも技術的には既に、ブロックチェーン技術を使って、個人の学習履歴を蓄積することが可能で、将来的にはその学習データをもとに就職・転職する、あるいは社内昇進するということも大いにありうるからです。

前出・リクルートワークス研究所主任研究員の辰巳哲子氏は、今後、大人は「個人の体験や学びがブロックチェーンで保管される『キャリア台帳』を持つ」と予測しました。また、経済産業省の教育サービス産業室室長補佐の日高圭悟氏によると、「既に中国では、個人の学習履歴がマイナンバーと紐づいて管理されている」そうです。

こうした「キャリア台帳」が管理される時代がくると、すべての人の「学び」や「経験」が個人ログとして残る「学習履歴社会」になると予想されます。

個人ログには、たとえば会計のオンラインコースを受講した証明であるデジタルバッジ（あなたは確かにこの技能を習得しましたというデジタル上の印）が付与されるなど、どんな小さな学びや体験も記録されていきます。

実際、既にリンクトインがオンライン学習大手の「Lynda.com」を買収し、ここで得た学びの履歴がリンクトインの個人ページに自動で掲載される仕組みができつつあります。

さらに、ブログやSNSの書き込み、検索履歴、購入履歴などから、趣味の活動やイベントの参加記録、読書歴やボランティア活動などの体験が、個人ログに集積されていく可能性は大いにありえます（既に技術的には可能です）。

すると、どんなことが可能になるのでしょうか。将来的にはAIが、過去の経験や学び、何に集中できるかなどのデータを分析し、「次は○○を学んでみたらどうですか？」など、個人に「学習レコメンド」をしてくれる可能性があります。

加えて、その人の特性や強みを捉えて、「あなたには○○が向いているかもしれません」とか、「あなたは○○が得意な人ですね」など、その人にはどのような仕事が向いているかという「自己分析」や「就職・転職先（副業・兼業先）探し」までしてくれることも大いに考えられるともいいます。

一方で、将来的にブロックチェーンにより、一人ひとりの学習履歴の「個人ログ」および

「キャリア台帳」が管理されれば、おのずと学歴の価値は下がるといわれています。

学力や能力を試験で試さずとも、ログが何よりも、その証明になるからです。

そうなると、たとえば「東大出身」というだけで評価される「学歴プレミアム」が弱まり、「東大で何を学び、何ができるか」はもちろん、「どんな経験を積んできたか」「どんな人なのか」といった人間性や実績が問われる時代になる公算は極めて大きいといえます。

つまりこれからは、子どもも大人もいかに「個人ログ」をリッチにするかが問われる時代になるでしょう。では、自分の学習歴を充実させる上でもっとも重要なことは何でしょうか？

それは、結局、自分が「何をやるか」「何がやりたいか」なのです。

この起点さえしっかりしていれば、ＡＩによるレコメンドなどの効果もあり、学習や体験が自然とつながっていくからです。反対に、この起点がないとＡＩも、次にその人は何を学んだらよいか、どんな仕事が向くかなど、レコメンドのしようがありません。

そう考えると、今後もっとも大切なのは、何をやるか、何をやりたいかという意思なのではないでしょうか。

おわりに　〜一歩の踏み出しが人生を変える〜

『仕事2・0』という名の本書を手にとってくださった読者の方は、おそらく現在の状況に何らかの違和感や物足りなさがあり、状況を変えたいと思っていらっしゃるのではないでしょうか。

現在の自分が置かれた状況を変化させる——。

そのためには、まず環境の問題と自分の問題の両方を考える必要があります。

まずは環境の問題についてですが、たとえば、会社が硬直的でシステムを刷新せず、日がな一日データを打ち込むだけの作業をする日があり、成長できない……などといった場合。

私は実際、このケースに該当する人を知っていますが（ある大企業の人事の人です）、その人は次第にノイローゼになるほど、その「打ち込み作業」が苦痛になっていったといいます。でも彼は腐らずに、この状況を打破しようと考えました。そして、思い切ってプログラミングを習い、3カ月間かけて、自動で打ち込みができる仕組みを開発。その仕組みが採用され、今では、部署全体で使われているといいます。

このように、環境を変える前にまずは「置かれた場所で咲く」ことを考え、自分を変える

（＝変身）ことで、状況がよくなることはいくらでもあります。

今の状況に不満があるときは、自分を変えようとするエネルギーがかえって湧いてきます。安穏とした状態のときよりはモチベーションが高いともいえ、その状態を変化の前の第一歩として前向きに捉えたほうがいいと思います。

自分を取り巻く環境と自分の関係性を振り返る

第5章にも書きましたが、ルーティーンワークをタフ・アサインメントに変える、社内FAや社内副業といった制度を利用する、会社とは別のコミュニティを持ち勇気を出して自己開示してみる、そんなことで思わぬフィードバックを受け、〝変身〟することは、可能です。

とにかくまずは、自分と環境との〝付き合い方〟を変えてみるのです。人は、特定の環境に埋没するにしたがい、自分の考え方が〝テンプレート化〟されてしまうことは多々ありますから、変身の第一歩としては、まず自分を取り巻く環境と自分の関係性を振り返ってみることが有効だと思います。

また、自分と環境との関係性は、一定周期で随時書き換えていかないと、異動などで新しい環境に移っても、前の環境で作られた自分を引きずってしまいます。

一方、会社の体質がいかんともしがたいほど自分の価値観と合わないなどといった場合は、転職や独立など環境そのものを変えることも選択肢に入れるべきだと思います。

会社のカルチャーは、ちょっとやそっとの人事制度の刷新や上司の変更くらいでは変わりませんし、ボトムアップで風土改革するのは極めて困難だからです。

もっとも、自分を変えるにせよ、環境を変えるにせよ、〝変身〟はしんどいものです。

つねに自分をマイナーチェンジする意識を

19世紀のイギリスの評論家トーマス・カーライルも「変化は苦痛だが、それはつねに必要なものだ」と語っており、変身の心理的負担を認めています。

もっとも辛いのが、〝変身〟しきる前の途上段階です。

たとえば、これまで毎晩のように同僚と飲みに行っては会社の愚痴に興じていたのが、別のコミュニティに顔を出す、あるいは教育機関で勉強する、オンラインで英会話を習うために早く帰るなどして付き合いが悪くなると、周囲は当然、動揺し、面白くありません。したがって、「あいつは意識高い系だな」などと揶揄するといった事態が発生するかもしれません。

でもそうした反応は、変身の途上にいることを周囲に認められたのだと、前向きに受け取り、最終的には無視してしまえばいい。変化に適応する者だけが生き残ると思ってほくそ笑んでいたらいいのです。

人生100年時代に突入すると、長い職業人生になり、自分が変化しなくとも、会社から転籍を余儀なくされる、あるいは会社そのものがなくなる、職業の変更を迫られるといった〝大変化〟がむしろ向こうから押し寄せてくる可能性も大いにあります。

そんなとき、日頃から自身のマイナーチェンジをしていれば、変化への対応力が俄然変わってくるであろうことは、言うまでもありません。

とはいえ自分を変える、環境を変えるということは（＝変身）、家族や仲間を巻き込むことにもなり、容易ではありません。ただ、自分の人生の主人公は自分であり、人生の決断は自分にしかできないと開き直り、行動する勇気を振り絞ってほしいと思います。

私自身も、たとえば、あまりに内弁慶で恥ずかしがり屋の性格ゆえ、いまだにツイッターでの発信もままならず、年若い会社のメンバーに、痛々しい存在と思われており、変身の道半ばです。本書執筆をきっかけに、読者の皆様とともに、長い仕事人生をより楽しめるように、苦手なことも、学び続けていきたいと思っています。

最後に本書を作る上で惜しみない助言と支援をしてくださった幻冬舎の箕輪厚介氏と山口

奈緒子氏に御礼を申し上げます。

また、腰の重い私に、本を書けと促し、執筆のために休暇までくれたNewsPicks前編集長で現CCOの佐々木紀彦、現編集長の金泉俊輔、マイペース過ぎる私をいつも温かく見守ってくれるNewsPicks現社長の梅田優祐、前社長の稲垣裕介、そして編集部の全員にも御礼を申し上げます。加えて、NewsPicksの特集をいつも一緒に作り、素晴らしいグラフィックデザインをしてくれるデザイナーの九喜洋介にも御礼を言わせて下さい。

さらに、ここではお名前を上げきれない、取材にご協力くださった皆様にも、心から謝辞を述べたいと思います。とりわけ、産業医の大室正志さんには、いつも相談に乗っていただき、感謝しております。

そしてなんといっても最後までお読みいただきました読者の皆様、本当にありがとうございました。

NewsPicks副編集長　佐藤留美

写真　Getty Images
装幀　トサカデザイン（戸倉　巌、小酒保子）
編集　箕輪厚介（幻冬舎）
　　　山口奈緒子（幻冬舎）

仕事2.0

人生100年時代の変身力

2018年8月5日　第1刷発行

著者
佐藤留美
発行者
見城 徹
発行所
株式会社 幻冬舎
〒151-0051 東京都渋谷区千駄ヶ谷4-9-7
電話　03(5411)6211 [編集]
　　　03(5411)6222 [営業]
振替　00120-8-767643
印刷・製本所
中央精版印刷株式会社

検印廃止

ISBN978-4-344-03333-7　C0095
幻冬舎ホームページアドレス
http://www.gentosha.co.jp/

この本に関するご意見・ご感想をメールでお寄せいただく場合は、
comment@gentosha.co.jpまで。